É MAIS FÁCIL DO QUE VOCÊ PENSA

A FÓRMULA BUDISTA PARA A FELICIDADE

SYLVIA BOORSTEIN

É MAIS FÁCIL DO QUE VOCÊ PENSA

A FÓRMULA BUDISTA PARA A FELICIDADE

Tradução
PAULO CESAR DE OLIVEIRA

EDITORA CULTRIX

Título do original:
It's Easier Than You Think
The buddhist way to happiness

Edição	Ano
1-2-3-4-5-6-7-8-9	97-98-99-00

Direitos de tradução para o Brasil
adquiridos com exclusividade pela
EDITORA CULTRIX LTDA.
Rua Dr. Mário Vicente, 374 – 04270-000 – São Paulo, SP – Fone: 272-1399
E-MAIL: pensamento@snet.com.br
http://www.pensamento-cultrix.com.br
que se reserva a propriedade literária desta tradução.

Impresso em nossas oficinas gráficas.

Sumário

4. Visão Clara: Sabedoria e Compaixão

Este livro é dedicado ao meu marido, Seymour,
meu melhor amigo ao longo de toda a minha vida.

•

Sou enormemente grata à minha amiga Martha Ley, que, como um presente para mim, datilografou e redatilografou este livro, corrigiu-me e encorajou-me, encontrando sempre o meio-termo entre "Está bom, Sylvia!" e "Você já disse isso, Sylvia", para tornar a redação deste livro um prazer. Obrigada, Martha.

Jack Kornfield, Joseph Goldstein e Sharon Salzberg foram os meus principais mestres budistas. Agradeço a eles pelos seus ensinamentos, apoio e amizade.

Todos os meus alunos e, em especial, meus alunos do Spirit Rock, das manhãs de quarta-feira, ouviram minhas histórias vezes sem conta, ajudando-me a escolher as que são úteis.

Sou grata a Sharon Lebell por dizer: "Sylvia, você tem a sua própria voz", e a Mari Stein, que fez uma maravilhosa ilustração a respeito de uma palestra que proferi e disse: "Escreva um livro, agora!"

Expresso também os meus agradecimentos à memória de meus pais, Harry e Gladys Schor, que me ensinaram a pensar e a rir.

1

A Desmistificação da Espiritualidade

Ser Espiritual é Ser Comum

•

Há alguns anos, quando eu ia dar um curso numa outra cidade, a pessoa que seria meu anfitrião telefonou-me com antecedência para saber se eu tinha alguma solicitação especial quanto à alimentação. Apreciei seu interesse e expliquei-lhe minhas preferências. Também mencionei que normalmente não como muito no desjejum, mas que gosto de tomar café pela manhã. Ele exclamou, com uma voz muito surpresa: "Você toma *café*?" Percebi que tinha feito uma confissão herética e precisei pensar um pouco para encontrar uma maneira elegante de explicar ao meu anfitrião (sem prejudicar minha reputação espiritual) que eu, de fato, tomo café.

Há algumas idéias estranhas acerca do que significa "ser espiritual". Tenho um cartum na parede do meu escritório que mostra duas pessoas jantando num restaurante. Uma delas está dizendo para a outra: "É um alívio encontrar alguém que não esteja empenhado numa busca espiritual." Eu concordo. Há um enorme risco de nos desviarmos do nosso objetivo e descambar para uma santidade artificial, de nos empenharmos em agir como uma "pessoa espiritual".

À medida que foi consolidando sua posição como professor de meditação, um querido amigo meu cada vez hesitava menos em contar às pessoas que adora assistir a jogos de futebol americano. Ele chega até mesmo a admitir que fica muito *exaltado* com os jogos, torcendo diante da televisão, como se estivesse no estádio. Para ele, não existe a atitude desapaixonada de quem diz "Que vença o melhor time!" Eu sei que ele tem um extraordinário nível de compreensão, e que se comporta como uma pessoa comum num mundo comum. Praticar a meditação e desenvolver a equanimidade não significa tornar-se uma pessoa excêntrica.

Creio que escolhi o título deste livro muito antes de o próprio livro ter sido escrito. Na verdade, fui motivada a escrever porque queria contar que a vida espiritual não precisa ser uma coisa grandiosa. Às vezes as pessoas resolvem fazer uma mudança no estilo de vida para favorecer o despertar. Algumas juntam-se a comunidades ou a ordens religiosas. Outras mudam sua alimentação. Algumas tornam-se celibatárias. Para certas pessoas, todas essas escolhas são *instrumentos* muito úteis para o despertar, mas não são *inerentemente* espirituais.

Outras pessoas escolhem outros instrumentos. Neste livro, o principal instrumento, a conscientização, é invisível. A conscientização, a aceitação equilibrada da experiência presente, está no âmago dos ensinamentos de Buda. Embora este livro pretenda ser uma introdução ao Budismo, ninguém deve se intimidar por causa disso. É mais fácil do que você pensa.

Saber Levar a Vida

•

Eis a cena que inspirou este livro:

Eu estava num encontro dos professores de meditação budista dos Estados Unidos. Pelo menos uma vez por ano, os professores de meditação consciente, dos Estados Unidos, todos amigos meus, encontram-se e passam alguns dias juntos. Planejamos nossos programas e conversamos sobre aquilo que estamos ensinando. Também passamos algum tempo trocando casos pessoais. "O que aconteceu a você neste ano?", "Como estão as coisas?". Reservamos um tempo especialmente para percorrer a sala e contar uns aos outros o que está acontecendo em nossa vida.

Enquanto ouvia cada um de nós falar, um por vez, notei uma coisa. Durante a conversa, diziam coisas como: "Estou muito contente" ou "Estou indo bem" ou "Estou muito feliz". E, todavia, todos nós contávamos histórias comuns. As pessoas tinham uma vida normal, com passagens normais de Sturm und Drang*. Tinham problemas de relacionamento, problemas com seus parentes idosos; o filho de uma delas tinha uma doença grave, outra passava por uma dolorosa perda. E mesmo assim, todas diziam algo como "Tudo está indo muito bem" ou "Estou muito contente".

Entretanto, isso não significava que essas pessoas não estivessem enfrentando dificuldades. Isso não significava que elas tinham superado suas provações e que estavam bem porque não sofriam mais por causa delas. Elas *estavam* enfrentando problemas e,

---

* Referência ao movimento estético e literário alemão Sturm und Drang (Tempestade e Fúria) [séc. XVIII], marcado, entre outras coisas, pelo forte emocionalismo e pela revolta contra as injustiças sociais. (N.T.)

em geral, sofrendo em decorrência deles, mas, ainda assim, estavam bem. Pensei comigo mesma enquanto observava as pessoas à minha volta: “Na verdade, o que todos estamos fazendo é tentar levar a vida com elegância.”

Essa maneira de levar a vida não é nada desprezível. Fico feliz em pensar que estou levando a vida com elegância. Estou muito melhor do que há dez ou vinte anos atrás, quando ficava tensa e assustada diante dos problemas. De uma forma ou de outra, todo mundo dá um jeito de levar a vida; todo mundo que está vivo e lendo este livro foi *levando*. Levar a vida com elegância ou, mesmo, com um pouco de elegância é fantástico.

Iluminação

Quando comecei a praticar meditação, no começo dos anos 70, isso estava na moda. Todo mundo estava meditando; todo fim de semana você podia participar de um seminário sobre alguma nova forma de meditação. Os anúncios dos seminários em geral afirmavam que o fim de semana seria totalmente iluminador.

Lembro-me de que, certa vez, fui a uma festa que parecia bastante comum – pessoas rindo e conversando. E, no meio da sala, estava sentada uma mulher com uma expressão estranha no rosto, os olhos fechados, a face serena, totalmente isolada do que se passava à sua volta. Alguém inclinou-se para mim e disse: "Veja, ela está iluminada", e pensei comigo mesma: "Se *isso* é iluminação, então não quero ser iluminada."

O que eu queria, pelo menos durante algum tempo, era ter capacidades incomuns. Eu ouvia histórias extraordinárias a respeito de pessoas que podiam levitar ou estar em dois lugares ao mesmo tempo. Às vezes, quando eu estava sentada em minha almofada e sentia uma leveza incomum em meu corpo, imaginava estar prestes a levitar. Eu esperava ter esses poderes. Achava que seria uma coisa espetacular erguer-me acima da almofada e flutuar no ar.

Acho que também fui influenciada por uma história que meu avô contou-me sobre minha avó, que morreu quando eu tinha nove anos de idade. Eu a conheci como uma mulher idosa e adoentada, mas meu avô se lembrava dela como a mulher extraordinariamente bonita com quem ele havia se casado quando ela tinha dezoito anos. Ele contou-me que ela era tão bonita que "brilhava no escuro". Perguntei se ele estava falando sério e meu avô respondeu: "É verdade. No casamento do meu sobrinho Murray Fox, ainda não havia eletricidade e o salão estava iluminado com lampiões de gás, de modo que estava bem escuro. E todo mundo dizia: 'Olhe para a mulher de Fischel, ela brilha no escuro!' " Guardei isso como uma recordação maravilhosa e resplandecente. O que eu queria com a minha meditação era brilhar no escuro. Creio que muitos de nós, nessa época, queríamos algo de mágico em nossa vida.

Meus professores de meditação budista, que conheci em 1977, falavam de iluminação mas não de magia. Eles falavam em "ver com clareza" e sobre como isso poderia significar felicidade e o fim do sofrimento. Isso me soou como o tipo de magia que eu mais desejava.

O Despertar não é Sectário

•

Toda tradição religiosa que eu conheço trata do despertar para a verdade. Todo caminho que conheço promete que a experiência direta da verdade nos liberta, nos traz paz, nos leva a agir com compaixão. O conhecimento da verdade traz felicidade.

A prática da meditação consciente e da *metta* (benignidade) não é desafiadora do ponto de vista religioso. Isso faz com que elas sejam instrumentos acessíveis para praticantes de meditação pertencentes a todas as tradições. Consciência, lucidez, compaixão e compreensão fazem parte do caminho espiritual de *qualquer* pessoa.

Cenário

Na minha primeira experiência com retiros espirituais, fiz parte de um grande grupo, talvez uma centena de pessoas, concentrado na prática da conscientização num mosteiro em Barre, Massachusetts. Os retiros são feitos em silêncio e, portanto, exceto pelas diferenças nas vestes, não se pode dizer quem é quem.

Passaram-se dias enquanto vivíamos e praticávamos juntos, em silêncio. Vi monges theravada, vestindo túnicas laranja, adeptos do Zen-budismo usando os trajes tradicionais dessa tradição, e monges e monjas tibetanos. Havia mulheres com túnicas rosa no estilo sari, e supus que fizessem parte de alguma tradição hindu. Algumas pessoas usavam roupas e colares de contas vermelhas, indicando que eram seguidoras de determinado mestre hindu. Um homem usava um hábito de monge franciscano. Eu gostava de passar perto dele porque os longos rosários e o crucifixo que pendiam do seu cinto produziam agradáveis estalidos quando ele caminhava.

Numa noite de sexta-feira, entrei na sala de jantar e vi que alguém acendera duas velas numa pequena mesa no canto dessa sala comunitária. Perto das velas, havia um aviso que dizia: "Estas são velas do Sabá. Não as apague, por favor. Elas vão se extinguir por si e eu as retirarei amanhã, depois do pôr-do-sol."

Olhei em volta e pensei: "Aqui estamos nós! Nossa dieta vegetariana não é incompatível com nenhuma religião e não constitui impedimento para a presença de quem quer que seja. Temos uma liturgia do silêncio e, portanto, todos podem ficar aqui. Cada um de nós, qualquer que seja o contexto religioso de nossa vida, está tentando despertar. Praticar a conscientização – isso é uma coisa que podemos fazer juntos."

Os ensinamentos deste livro são indiscutivelmente budistas. Eles são claros, úteis e não dizem respeito a nenhuma religião em particular. Verdade é verdade. A confusão mental e o sofrimento são universais, e o anseio pela felicidade e pelo fim do sofrimento também são universais.

2

O Caminho para a Felicidade

OS ENSINAMENTOS BÁSICOS DO BUDA

Sabedoria Básica:
o sr. Cory e meu Avô

•

Os ensinamentos do Buda que orientam a jornada para a sabedoria e felicidade atraem muitas pessoas porque são muito simples. Essencialmente, ele ensinou que não faz sentido nos perturbarmos com aquilo que está além do nosso controle. Não podemos escolher as cartas no jogo da vida. A única escolha que temos é quanto à nossa atitude com relação às cartas que recebemos e à astúcia com que as jogamos.

Quando o Buda expôs suas idéias, há 25 séculos, muitas pessoas o compreenderam tão bem, logo que o ouviram, que, desse momento em diante, foram felizes para sempre. As pessoas que não o compreenderam imediatamente precisaram praticar meditação e, então, elas compreenderam.

As idéias do Buda tornaram-se o principal ensinamento espiritual para uma grande parte deste planeta. Esse ensinamento incluiu uma vasta cosmologia, mas, para mim, sua mensagem essencial sobre um modo de vida saudável e feliz assemelha-se ao sr. Cory, que mora na mesma rua que eu e meu avô, falecido há dez anos.

O sr. Cory tem 90 anos de idade e ainda trabalha na terra. Ele e sua esposa – a mesma por quase setenta anos — fazem todo o trabalho em sua extensa chácara e vendem a produção em sua garagem. Certo dia, no último verão, fui até a casa deles para comprar cebolas e vi a porta da garagem aberta. "Uau!", pensei comigo mesma. "Vejam o que o sr. Cory fez. Colocou uma estátua de si mesmo na porta da garagem, para servir de decoração." Imaginei ter vislumbrado um daqueles índios de madeira que eu via nas tabacarias quando criança, ou um modelo em tamanho real do coronel Sanders.

Obviamente, não se tratava de nenhum recurso publicitário para chamar a atenção. Era o próprio sr. Cory, sentado imóvel como uma estátua, esperando. Não estava lendo, nem escrevendo, nem separando mercadorias, nem entalhando madeira, tampouco fazendo *qualquer* outra coisa exceto esperar. E a banca de hortaliças dos Cory não ficava à beira de uma estrada, onde ele poderia ficar observando o trânsito. A garagem deles fica atrás da casa, e esta fica à beira de uma estradinha secundária onde quase não há tráfego. *Nada* passa por ali. O sr. Cory não tinha nada que precisasse fazer e, por isso, não estava fazendo nada. Nunca conversei sobre filosofia com o sr. Cory, mas meu palpite é que ele diria: "Se não está quebrado, não conserte" e "Se estiver quebrado e você não puder consertar, não se preocupe com isso."

Estacionei o carro e caminhei até a garagem sem que o sr. Cory se mexesse. De repente, lembrei-me da minha câmera fotográfica, que eu havia deixado no carro, e disse: "Sr. Cory, posso tirar uma fotografia sua?" "Pode", foi a resposta. Ele nunca perguntou: "Por quê?"

A fotografia ficou boa, um *Gótico Americano** dos dias de hoje — o sr. Cory sentado impassivelmente ao lado de caixas de tomates e de abobrinhas. Mandei emoldurar uma ampliação da foto e pendurei-a na minha sala de trabalho, ao lado de uma foto de Meher Baba, um mestre espiritual a quem admiro. Pensei em mandar um negativo para a revista *Country Life*, e imaginei que eles iriam publicá-la e dar-me o crédito pela foto. Emoldurei uma cópia e dei-a de presente para o sr. Cory. Ele disse: "Obrigado."

Meu avô viveu até os 98 anos de idade e morreu de velhice. Seu coração simplesmente parou de bater, mas sua mente conservou-se

* Pintura de Grant Wood, retratando um fazendeiro de expressão grave, segurando um forcado, ao lado de uma jovem. (N.T.)

lúcida até o fim. Ele tinha sobrevivido à minha mãe, filha mais velha, e a todas as suas três esposas; também passou incólume por épocas de dificuldades econômicas. Meu avô emigrara para os Estados Unidos quando jovem, deixando seus pais e irmãos na Áustria, para nunca mais voltar a vê-los. Ele ganhou a vida como artesão, porque nunca havia aprendido a ler e a escrever. Quando eu era criança, lembro-me de vê-lo lavando as mãos depois do trabalho, usando um tipo especial de sabão em pedra para tentar limpá-las. Ele era um homem emotivo e passional. Nas festas de aniversário que meus pais faziam para mim, ele chorava quando as pessoas cantavam "Parabéns".

Quando minha mãe morreu, aos 47 anos, meu avô tinha 77 anos de idade. Para meu avô, a morte da filha foi um grande golpe, e durante o enterro ele estava tão transtornado que minha principal preocupação foi saber como ele iria conseguir chegar ao fim daquele dia terrível. Ele não disfarçou sua dor para si mesmo nem para ninguém.

Minha mãe morreu em agosto e, nessa época, meu avô passava os verões trabalhando como caseiro das cabanas de uma colônia de férias no Maine. Alguns dias após o enterro de minha mãe, meu avô se recompôs, emocional e fisicamente, e voltou ao trabalho. Ele pronunciou a frase que representava a sua filosofia de vida, e que eu já o ouvira repetir diversas vezes: "Bem, o que se pode fazer? É a vida!" Nessa ocasião, pensei que ele fosse Zorba*. Ele ainda trabalhou muitos anos, casou-se novamente e se divertia com os bisnetos. Meu avô continuou sendo um bom e íntimo amigo de meu pai e ficou amigo da nova esposa de meu pai, quando este voltou a se casar. Ele nunca mais entrou na casa em que minha mãe tinha morado. Ir até lá fazia com que ficasse muito triste.

Visitei meu avô quando ele já era bastante idoso e vivia numa comunidade para pessoas idosas, no sul da Flórida. Duas vezes por dia, depois do café da manhã e do almoço, ele me convidava para

---

* Referência ao personagem do romance *Zorba, o Grego*, de Nikos Kazantzakis. Zorba é um camponês exuberante que transmite sua visão rude e alegre da vida a um escritor inglês introvertido. (N.T.)

acompanhá-lo num passeio a pé em volta do quarteirão. Era uma caminhada demorada, pois ele andava devagar. Ele me explicou que essa costumava ser sua rotina, seu exercício diário. Eu lhe perguntei: "Em que o senhor pensa enquanto está andando?" Ele me olhou, surpreso. "Como assim?", respondeu ele. "Quando eu ando, eu ando!" Nesse momento, achei que ele fosse o Buda.

Nem o sr. Cory nem o meu avô jamais ouviram falar em meditação. Acho que eles prestaram atenção ao que estava acontecendo à sua volta e tornaram-se sábios. Para aqueles dentre nós que não chegam à sabedoria naturalmente, a meditação é uma maneira de conseguir isso pela via prática.

A Primeira Nobre Verdade: a Dor é Inevitável, o Sofrimento é Opcional

•

A principal lição que Buda usava para transmitir seus ensinamentos a respeito da jornada para a felicidade é chamada de As Quatro Nobres Verdades.

Na primeira Nobre Verdade, o Buda explica que na vida "a dor é inevitável mas o sofrimento é opcional". O Buda não pronunciou exatamente essas palavras; ele expressou-se no seu vernáculo. Minha versão em idiomas mais atuais contém o sentido que o Buda pretendia transmitir, e espero não ter sido irreverente.

A vida *é* difícil. Scott Peck disse isso na primeira linha do livro *The Road Less Traveled* e vendeu centenas de milhares de cópias. Às vezes, penso que as pessoas liam a primeira frase e ficavam tão entusiasmadas por alguém estar dizendo aquilo que a experiência lhes mostrava ser verdade que acabavam comprando o livro. A vida *é* tão misteriosa! Não importa quais sejam os nossos planos, ela é sempre imprevisível. Durante anos, deixei um aviso no espelho de meu banheiro para lembrar-me, diariamente, de que "A vida é aquilo que nos acontece enquanto estamos fazendo outros planos". Mesmo assim, continuo passando boa parte do tempo tentando conseguir algo *agora* para poder ser feliz num *futuro* mítico.

Eu tinha trinta e poucos anos de idade quando percebi, com certa apreensão, que estava totalmente despreparada para lidar com os aspectos mais assustadores da vida. De alguma maneira, eu havia conseguido esconder de mim mesma o tênue equilíbrio de que depende a nossa felicidade a cada momento. Eu tinha crescido e feito todas as coisas que supostamente poderiam garantir a minha felicidade. Havia aprendido uma profissão que estava exercendo e com a qual sentia-me gratificada; havia-me casado e tivera quatro filhos adoráveis, os quais eu amava profundamente. De algum modo, nunca pensei em quanto tudo isso era frágil e, assim, nunca pensara em nenhuma questão de cunho existencial.

Certo dia, descendo a rua onde eu morava, duas garotinhas que iam para a escola foram atropeladas e mortas por um carro desgovernado. Elas tinham seis e sete anos de idade e eram irmãs. Eu não as conhecia, mas já ouvira falar delas por serem colegas de classe de Elizabeth, minha filha. De repente, despertei para o fato de que estar vivo é muito perigoso, e que cada momento da vida é muito precioso. Se eu talvez tivesse atentado para esse fato de uma maneira equilibrada ou, pelo menos, de uma forma mais madura, eu teria passado por um daqueles momentos de transformação, sobre os quais lemos, após o que eu haveria de me modificar totalmente e de viver o resto da vida em constante estado de iluminação. Isso não aconteceu comigo. Ao contrário, mergulhei na tristeza e no desespero. Não conseguia entender por que as pessoas continuavam vivendo se a vida era finita, na melhor das hipóteses, e, do começo ao fim, imprevisível. Percebi que todos os relacionamentos terminam em perda e que a perda era muito dolorosa. Eu não conseguia imaginar uma razão para agirmos assim.

O fato de eu agora poder escrever sobre esse período de minha vida com alguma leveza não significa que essa não tenha sido uma época terrível para mim. Pois foi! Eu lia filósofos existencialistas, Camus e Sartre, e me perguntava como havia conseguido esconder de mim essa terrível verdade ao longo de todos aqueles anos. Eu me perguntava por que todas as outras pessoas não enxergavam isso. Como as pessoas podiam viver a vida como se tudo estivesse bem enquanto eu tinha certeza de que as coisas não eram assim? Lembro-me de falar para os meus alunos de psicologia a respeito da "angústia existencial" e de lhes contar a piada de Kierkegaard. Alguém disse a Kierkegaard: "Vejo-o na próxima terça" e, ao que se supõe, ele teria respondido: "Vejo você na próxima terça se, ao sair de minha casa, uma telha não se soltar do telhado e acertar a sua cabeça e se, ao atravessar a rua, você não for atropelado por uma carruagem desgovernada." Essa não é uma piada engraçada. Eu não conseguia dizer "Vejo vocês depois" aos meus filhos quando eles saíam para a escola ou, mesmo, "Espero que se divirtam", sem que receios sinistros passassem pela minha cabeça.

Parte do meu desespero consistia em pensar que eu era a única pessoa que se sentia assim. Todas as pessoas à minha volta pareciam sentir que a vida era realmente bela e nem um pouco angustiante. Foi para mim um alívio ir ao meu primeiro retiro de meditação e ouvir as pessoas falarem a verdade de forma tão clara – a Primeira Nobre Verdade, de que a vida é difícil e dolorosa pela sua própria natureza e não porque estejamos agindo errado. Fiquei extremamente aliviada em conhecer pessoas que estavam dispostas a dizer que a vida é difícil, freqüentemente dolorosa, mas que, mesmo assim, aparentemente não tinham dificuldade em admitir isso. Mais importante, elas pareciam *felizes*. Para mim isso foi extraordinariamente tranqüilizador. Pensei comigo mesma: "Aqui estão pessoas que são como eu, cuja vida é igual a minha, que conhecem a verdade, dispõem-se a admiti-la e se sentem à vontade com relação a isso."

A Segunda Nobre Verdade: Apegar-se é Sofrer

•

A Primeira Nobre Verdade declara taxativamente que a dor é inerente à vida simplesmente porque tudo está mudando. A Segunda Nobre Verdade explica que o sofrimento é o que acontece quando lutamos contra aquilo que a vida nos oferece, em vez de aceitarmos as nossas experiências e de nos abrirmos a elas, com sabedoria e compaixão. Considerando-se as coisas a partir desse ponto de vista, há uma grande diferença entre dor e sofrimento. A dor é inevitável; trata-se de algo inerente à vida. O sofrimento não é inevitável. Se o sofrimento ocorre quando lutamos contra aquilo que nos acontece, devido à nossa incapacidade de aceitar esses fatos, então ele é algo que ocorre em função de uma opção.

Eu não compreendia isso quando comecei a praticar o Budismo, acreditando que, se eu me empenhasse o bastante na meditação, faria cessar toda a dor. Isso revelou-se um grande engano. Fiquei desapontada quando descobri o erro e me senti constrangida por ter sido tão ingênua. É óbvio que não vamos acabar com a dor nesta existência.

O Buda disse: "Tudo o que nos é caro nos causa dor." Creio que isso seja verdade. Em geral, não costumo citar essa frase para alunos iniciantes porque não quero que eles pensem que o Budismo é algo melancólico. Mas o que o Buda disse é verdade. Como as coisas mudam, nosso relacionamento com qualquer coisa que amamos ou seu relacionamento conosco também mudará, e sentiremos a dor da perda ou da separação. Aqueles dentre nós que escolheram uma vida de relacionamentos fizeram uma opção baseada no ponto de vista de que vale a pena sentir a dor.

É um constante desafio para mim (os budistas zen poderiam chamar a isso de *koan*) traçar a tênue linha entre "indiferença às experiências da vida" e da "apreciação compassiva das experiências da vida", sem apego. Dependo daquilo que é possível, mas, como cada momento é um equilíbrio entre o "agradável" e o "desagradável", é difícil não desejar o "agradável". Basicamente, é difícil não querer.

Consta que São João da Cruz fez o seguinte pedido numa oração: "Senhor, poupe-me das visões!" Quando comecei a praticar meditação, eu queria ter visões. Estávamos no final da década de 60, os Beatles e o iogue Maharishi Mahesh estavam popularizando a meditação, e a cultura era "psicodélica". Eu queria que algo extraordinário me acontecesse.

Alguns anos depois, coisas extraordinárias *realmente* aconteceram. Durante um período de intensa prática meditativa, senti-me cheia de luz, e era como se eu estivesse até mesmo irradiando luz. Foi espantoso! (No âmbito da prática intensiva da meditação, isso não chega a ser grande coisa; para mim, porém, tratava-se de algo incrível!) Em pouco tempo comecei a achar que não se tratava de algo tão incrível assim. Comecei a pensar em Paulo, cego pela luz na estrada de Damasco e, como eu não fiquei ofuscada, comecei a desejar *mais* luz. Conquanto fosse verdade, eu não confessaria isso a ninguém porque, nos grupos de meditação — ou, pelo menos, no meu grupo — não era considerado de bom tom desejar mais êxtase.

A Segunda Nobre Verdade de Buda é que ansiar por algo é sofrer. Freqüentemente, isso é traduzido como "o anseio é a causa do sofrimento", mas penso que essa versão deixa de lado a essência da idéia. *Causa* sugere que algo acontece antes e produz um determinado resultado. Uma construção equivalente seria "ansiar agora, sofrer mais tarde". Acho que uma expressão melhor seria "ansiar agora, sofrer agora".

Certa vez, ouvi alguém dizer que um sinal de iluminação era a capacidade de dizer (e *pensar* realmente assim) em qualquer momento: "Bem, isso não é o que eu quero mas é o que eu tenho; então, tudo bem."

A sogra do meu filho Peter não apenas tolera os contratempos como, em geral, parece apreciá-los. Ela é a única pessoa com a qual já andei de carro pelas estradas de Los Angeles – com carros entrando e saindo arbitrariamente de ruas transversais, em congestionamentos confusos e cheios de fumaça – que diz, com genuína admiração: "Uau! Olhe só para todas essas pessoas que resolveram sair de casa!"

Há uma grande diferença, obviamente, entre auto-estradas e fomes endêmicas e guerras, mas é ótimo ter a confirmação de que a ampla aceitação é humanamente possível. A prática espiritual poderia ser a descoberta e a ampliação do potencial que existe dentro de nós mesmos. A Terceira Nobre Verdade diz que isso é de fato possível.

A Terceira Nobre Verdade: Notícias Extraordinariamente Boas

•

Um elemento básico da prática espiritual é chamado de Compreensão Correta. Um aspecto da compreensão correta é o claro entendimento do objetivo da prática da conscientização. A decisão de começar a praticar a meditação foi totalmente motivada pela Compreensão Equivocada. Eu achava que, se meditasse com suficiente empenho, não iria mais sofrer. Eu estava errada, obviamente. Não há maneira de se estar num corpo, numa vida, e não sentir dor.

Quando descobri o erro do meu raciocínio, superei o mcu desânimo inspirando-me com a idéia de que poderia acabar com o *sofrimento*. É disso que trata a Terceira Nobre Verdade. Ela afirma que a libertação, a paz de espírito e a felicidade são possíveis – nesta vida. Essa é uma idéia emocionante!

Durante alguns anos, lecionei religião oriental numa faculdade católica das proximidades. Os estudantes eram principalmente adolescentes, formados na escola secundária católica da região. A maioria deles tivera uma vida estável e de conforto, no seio de uma família devota e no período entre as guerras. Eles pareceram confusos quando comecei a ensinar Budismo, e apresentei logo em seguida a idéia de sofrimento. Para mim, não havia maneira de *não* fazer isso. A noção de sofrimento e do fim do sofrimento constitui o princípio central do Budismo. O próprio Buda disse isso a determinado discípulo. Este, segundo a lenda, desafiou o Buda, queixando-se de que ele não lhe havia ensinado a cosmologia nem a filosofia que esperava aprender. Consta que o Buda teria respondido: "Vim para ensinar apenas uma coisa — sofrimento e fim do sofrimento."

Os meus jovens alunos pareceram preocupados quando falei sobre como, mesmo que as coisas estejam em ordem, tudo acaba sendo decepcionante, porque nada é permanente. Quando tentei esclarecer o assunto fazendo-os lembrar "quantas vezes desejamos coisas que não conseguimos ter" eles não concordaram. Na maioria das vezes, eles conseguiam as coisas que desejavam. Comentaram que o Budismo parecia destituído de alegria e, então, perguntaram: "Os budistas fazem festas de aniversário?"

Eu me esforçava para encontrar situações em que houvesse sofrimento com os quais eles pudessem identificar-se. "Vocês já tiveram um namorado ou namorada que deixou de gostar de vocês? Antes de conseguir superar o baque, isso os magoou?"

"Bem", diziam eles, "se isso é sofrimento, então eu posso entender!" Mesmo assim, senti-me um pouco desalentada por ser quem estava levando àqueles jovens o que me parecia ser uma má notícia. Eu esperava não estar fazendo o papel da Bruxa Malvada.

Às vezes, eu tinha vontade de passar rápido pelas duas primeiras Nobres Verdades e chegar logo à Terceira, para poder contar as boas novas. *É* possível viver feliz. *É* possível cultivar uma mente tão ampla, que a pessoa se torna compassiva, consciente, sensível, *interessa-se* pelas coisas, sem fazer da sua vida uma luta constante. As notícias são mais do que boas: são extraordinárias.

O Terceiro Patriarca do Zen e o Primeiro Patriarca de Berkeley

•

Seng Tsan, o Terceiro Patriarca do Zen, que viveu e lecionou na China, no século VI, disse: "O Grande Caminho não é difícil para aqueles que não têm preferências." Quando ouvi isso, pensei: "Nunca vou fazer isso!" Cada momento de minha experiência parecia apresentar uma oportunidade para ter uma preferência, e eu sempre a aproveitava.

Quando ouvi pela primeira vez esse ensinamento, minha filha mais nova estudava balé com muito empenho e seus professores achavam-na particularmente talentosa. Na época de Natal, ela sempre se apresentava no balé *Quebra-nozes*, produzido pela companhia de balé, e a cada ano representava papéis um pouco mais difíceis. Embora fosse ainda uma criança, eu a imaginava fazendo algum dia o papel da Rainha da Neve, e não podia acreditar que chegaria uma época em que, para mim, seria indiferente se o papel ficasse com ela ou com a filha de outra pessoa. Eu preferia que ela o fizesse.

Compreendi o ensinamento sobre preferências no nível das trivialidades. Eu sabia que seria improvável que algum dia eu entrasse na sorveteria Baskin-Robbins e dissesse: "Me dê qualquer sabor", mas eu também sabia que nunca ficaria aborrecida se a calda de chocolate estivesse em falta. Existem à nossa disposição tantas outras oportunidades quase tão boas. Esse era o nível de preferência relativo a gostos pessoais e afinidades.

O que eu não conseguia entender era que isso pudesse ser possível no nível dos desejos mais profundos. Na verdade, eu não podia imaginar por que razão as pessoas iriam *desejar* não ter preferências. Parecia-me que as preferências tornavam a vida divertida e emocionante. A minha maneira de ver estava em contraste direto com o ensinamento do Sutra Diamante: "Cultive a mente que não se apega a nada." O que eu não entendia é que era possível, e também interessante e divertido ter esperanças e planos, empenhar-me vigorosamente em torná-los realidade e, mesmo assim, estar preparada para renunciar a eles, caso não se concretizassem.

Aprendi isso de uma forma dramática com Bill, um amigo nosso que morreu há duas décadas e que passei a considerar como o Primeiro Patriarca de Berkeley. Bill teve câncer ainda jovem, na casa dos quarenta; ele tinha uma esposa, uma carreira promissora e filhos que amava muito. Quando soube que a morte estava chegando, ele escreveu uma carta para todos os amigos, para ser entregue depois da sua morte. Nessa carta, ele dizia o seguinte acerca da sua vida: "Eu poderia querer mais, porém nunca desejei outra vida!" Achava que seria maravilhoso viver a minha vida dessa maneira, querendo mais, como todos os que apreciam a vida, mas nunca desejando ter "outra" vida.

Meu amigo John Tarrant, um mestre zen, estava me contando a respeito de certo poema zen sobre a morte. Há coleções desses poemas de famosos mestres zen – presumivelmente introvisões expressas nos últimos momentos de vida. John falou-me acerca de um poema sobre a morte que dizia: "Poemas sobre a morte não fazem sentido. Morte é apenas morte."

Esse poeta zen faz-me lembrar de minha amiga Pat, que morreu de câncer aos quarenta e poucos anos, deixando quatro filhos, muitos amigos e uma carreira interessante como advogada. Com ela, aprendi que a pessoa *pode* ter uma preferência, um desejo guardado no fundo do coração, não vê-lo realizar-se e, mesmo assim, não ficar amargurada por causa disso. Pat ainda viveu alguns meses depois de saber que a sua batalha contra a doença estava perdida. Ela usou esse tempo para reconciliar-se com o ex-marido, concluir os assuntos pendentes em sua atividade jurídica, falar com todos os seus amigos e dizer a eles tudo o que havia para ser dito. Algumas das coisas que ela precisava retificar eram emocionalmente difíceis, mas, mesmo assim, ela fez o que tinha de fazer. Já perto do fim, ela me disse de forma bastante prosaica e trivial: "Sabe de uma coisa? Eu cresci muito, emocionalmente, com este câncer. Tenho feito coisas que não teria conseguido fazer se não tivesse essa doença. Mas, sinceramente, eu preferiria não ter tido o câncer e não ter crescido."

Pura verdade. O desenvolvimento não é algo, assim, tão formidável. A vida é melhor. Considerando que havia coisas em sua vida que ela não poderia mudar, ela viveu os seus últimos dias com elegância. Às vésperas de sua morte, vi-a sentada na cama, lendo um jornal. "Já fiz tudo o que tinha de fazer. Agora estou só esperando." Acho que isso qualifica Pat como a Primeira Matriarca de San Anselmo.

Emily nunca chegou a ser a Rainha da Neve. Ser bailarina não deu certo para ela, e a elegância com que ela aceitou isso fez com que eu renunciasse às minhas expectativas. Ainda adoro assistir ao *Quebra-nozes* e, em especial, gosto de imaginar o que deve estar sentindo a mãe da Rainha da Neve. Sinto o mesmo quando assisto a um jogo de futebol americano e vejo o modo como, logo após um grande lance, a câmara focaliza a mãe do jogador aplaudindo-o na arquibancada. Fico tão comovida que chego a chorar. Também choro quando vejo coisas tristes acontecerem às pessoas. A meditação não cura o choro e fico contente que seja assim.

A Terceira e Meia Nobre Verdade

•

O Buda ensinou que o fim do sofrimento era possível. Podíamos, disse ele, condicionar a mente a uma lucidez tão profunda, que nossas experiências iriam chegar e partir no grande mar de uma mente vasta e sábia. A dor e a alegria iriam chegar e partir; a satisfação e o desapontamento chegariam e partiriam, e a mente permaneceria essencialmente tranqüila. Causa grande sensação de liberdade saber que você não precisa estar satisfeito para ser feliz.

Todavia, o fim do sofrimento ainda não chegou para mim. Não é por falta de aspiração. Eu tenho aspirações! Também não é por falta de compreensão. Eu acredito de todo o coração que a liberdade é possível. Sei que a tendência que a mente tem de se debater decorre do nosso hábito de encarar os problemas de forma pessoal, em lugar de vê-los como parte do desenrolar do grande drama do universo. Sei com *certeza* que tudo está condicionado e tenho certa crença no Karma. Não obstante, eu me debato e sofro. Todavia, sofro menos do que costumava sofrer e o sofrimento não me perturba tanto quanto antes.

Portanto, acrescento uma meia Nobre Verdade. A meia Nobre Verdade é: "Podemos lidar com o sofrimento." Longe de chegar à completa cessação do sofrimento, coisa em que tenho fé absoluta enquanto possibilidade, fico contente por poder lidar melhor com o sofrimento. Como sei que se pode lidar com o sofrimento, a dor não me causa tanto medo quanto antes. Hoje em dia, costumo dizer aos meus alunos que, embora o Buda tenha dito que a cessação do sofrimento é possível, eu mesma ainda não consegui isso. Eles não ficam desanimados e, ao que me parece, também não perdi nada da minha credibilidade. Para eles, é uma boa notícia ouvir alguém dizer que se pode lidar com o sofrimento.

Essa Nobre Verdade adicional também faz com que eu tenha mais compaixão com relação aos outros e a mim mesma. Eu consigo ver como me envolvo em meus problemas, como me debato, sofro, desejo que aquilo não tivesse acontecido e, no fim das contas, como as coisas acabam mudando e se resolvendo. Sou mais benevolente comigo mesma quando percebo quanta dor existe na minha mente em virtude dos apegos condicionados. Reconhecer o meu próprio sofrimento, a despeito dos muitos anos de prática e da sabedoria ou compreensão que eu porventura tenha adquirido, faz-me sensível à dor supostamente imensa de todas as pessoas com as quais estou partilhando este planeta.

Meu Coração Ainda se Apega

•

Numa canção de amor, a frase "Meu coração apega-se a você" seria um sentimento desejável. Queremos que o coração e os pensamentos da pessoa amada apeguem-se a nós. De uma perspectiva budista, o apego é a causa do sofrimento. Não obstante, o meu coração ainda se apega. Em dias melhores, ele apega-se menos do que costumava fazer.

Uma das coisas de que eu mais gostava quando comecei a praticar meditação era ouvir histórias a respeito do Buda e de seus ensinamentos. Muito antes de tomar consciência de que eu poderia vir a ter a capacidade de acalmar a mente ou de ter alguma noção acerca do significado da liberdade, eu gostava de ouvir histórias sobre a possibilidade de ter liberdade.

As primeiras histórias do Buda são miraculosas. Em geral, elas começam com uma descrição de determinado lugar em que o Buda estava transmitindo seus ensinamentos, e com os nomes das principais pessoas que o ouviam. Geralmente, as histórias começam assim: "Tais e tais pessoas foram render homenagem ao Buda e, depois, sentaram-se para ouvi-lo." A história prossegue: "O Bem-aventurado disse as seguintes palavras." E, então, reproduzem um discurso em que o Buda descreve a natureza das coisas. A história costuma terminar com as palavras: "Enquanto tais e tais pessoas ouviam, elas tornavam-se totalmente iluminadas", ou "Enquanto o grupo ouvia, todos eles tornaram-se totalmente iluminados". Isso geralmente era expresso da seguinte maneira: "E o coração deles, por meio da ausência de apego, foram libertados de toda mácula." Adoro isso. Desde que comecei a praticar o Budismo, faz muitos anos, sempre que estou prestes a ouvir alguém fazer um discurso imagino que talvez essa seja a ocasião da minha libertação total e definitiva. O fato de isso ter acontecido na época do Buda indica que há um bom precedente. Só que simplesmente isso ainda não aconteceu comigo.

Uma maneira de entender por que isso não acontece com facilidade é considerar que a mente é condicionada por certas maneiras habituais de reagir. É difícil mudar os hábitos mentais. Eu costumava ter dor de cabeça sempre que ficava nervosa porque não sabia como expressar naturalmente o meu desagrado. Agora, sinto-me muito mais à vontade para expressar a minha irritação; porém, às vezes, preciso ter dor de cabeça para lembrar a mim mesma que estou zangada. Ademais, estou totalmente convencida de que o sofrimento surge quando me debato contra acontecimentos que não posso mudar. Todavia, de tempos em tempos, eu teimo em me debater. Os hábitos são difíceis de mudar.

Tenho uma teoria para explicar por que é difícil apagar completamente os hábitos mentais psicológicos e espirituais. Vamos chamá-la de teoria da camiseta da mudança mental. Há muito tempo, havia um comercial de televisão que mostrava uma mãe segurando a camiseta que seu filho tinha usado, mostrando as partes dela que ele sujara com manteiga, amendoim e geléia; onde deixara cair sorvete de chocolate e a parte que ele sujara de terra ao rolar pelo chão durante uma partida de futebol americano. Ela colocava a camiseta numa máquina de lavar, junto com determinado sabão em pó que os espectadores eram instados a comprar. Quando ela tirava a camiseta da máquina, não havia nenhuma mancha; a camiseta estava completamente nova. Em toda a minha vida, nunca vi uma camiseta sair da máquina de lavar parecendo completamente nova. Ela sempre desbota um pouco e, mesmo nas raras ocasiões em que toda sujeira é eliminada, a camiseta jamais cai tão bem como se estivesse sendo usada pela primeira vez. Os sinais de que a camiseta foi usada ficam com ela para sempre. Creio que o mesmo acontece com a nossa mente e acho que isso não representa nenhum problema. Se soubermos qual lado da camiseta está mais curto, podemos prendê-la mais fortemente dentro da calça, e ela parecerá perfeitamente apresentável.

Se a minha mente não se apegasse às coisas, eu seria completamente destituída de medo. Nada iria assustar-me, porque eu não teria medo de perder nada e não precisaria de nada para ser feliz. Mas a minha mente ainda se apega e, às vezes, assusta-me a possibilidade de não vir a ter aquilo que acho que preciso ou de perder aquilo que acho que quero. Esse não é mais um grande problema porque o medo não me assusta tanto quanto costumava assustar no passado. Sei que ele é resultado do apego e sei que vai passar. Posso dizer a mim mesma: "Estou assustada porque, muito embora saiba qual é a verdade, eu a esqueci neste exato momento. Sei que há a possibilidade de eu vir a me lembrar." Essa possibilidade, essa convicção me proporciona muita esperança em meio ao maior dos terrores.

A Quarta Nobre Verdade: o Círculo Óctuplo

•

Suponha que usemos uma viagem para representar metaforicamente a busca espiritual universal. O principal roteiro que o Buda ofereceu para a viagem rumo à felicidade e ao contentamento é chamado de Caminho Óctuplo, mas eu sempre acho que ele deveria ser chamado de Círculo Óctuplo. Um caminho vai daqui até ali, e, quanto mais perto você estiver *dali*, mais longe estará *daqui*. Um caminho é progressivo, como uma escada e, assim como você não pode pular diretamente para o quinto degrau de uma escada e começar a subir, no caminho verdadeiro você precisa partir do início e prosseguir num trajeto linear até chegar ao fim. Com um círculo, você pode começar em qualquer parte e estará no mesmo círculo.

Quando o Buda ensinou esse caminho, disse que ele tinha um número específico de elementos constituintes; as pessoas poderiam ter certeza de estar no caminho certo se vissem algum dos oito indicadores especiais. Esses indicadores são: Compreensão Correta, Intenção Correta, Ação Correta, Palavra Correta, Modo Correto de viver, Esforço Correto, Concentração Correta e Correta Conscientização. Os viajantes que virem qualquer um desses sinais saberão que estão caminhando rumo à felicidade.

A ordem em que os viajantes avistam os sinais não interessa. Se olharmos atentamente para um sinal, ficará claro que cada um tem todos os outros ocultos dentro de si. Mesmo com apenas um pouquinho de Compreensão Correta, só com a *suspeita* de que podemos ser felizes mesmo quando não estamos satisfeitos, surge a

Intenção Correta de fazer um bocado de Esforço Correto para desenvolver mais Compreensão Correta. Qualquer um que se decida a praticar as Palavras Corretas, certificando-se de que cada coisa que diz é verdadeira e útil, descobre que isso não pode ser feito sem a Correta Conscientização. A Correta Conscientização significa prestar atenção a cada momento, e os que fazem isso logo descobrem que também têm a Concentração Correta. Mesmo se uma pessoa disser: "O Caminho Óctuplo é muito complicado e quero seguir só um deles", isso não vai funcionar. Tudo está interligado.

Na jornada para a felicidade, você começa em qualquer lugar. Você começa onde estiver. Tenho apenas um motivo para hesitar em chamar a essa prática de círculo. Mesmo um pequeno círculo ocupa espaço, e o espaço gera a idéia de *aqui* e *lá*. Não existe nenhum *lá*. Quando despertamos para a felicidade, passamos a ficar mais *aqui* do que jamais estivemos antes. Mas, como o despertar de fato acontece e a prática funciona, precisamos chamá-la de alguma coisa. Acho que ela se parece mais com um ponto óctuplo.

Compreensão Correta: Minha Amiga Alta e "a Mudança"

•

Sempre que as pessoas falam na fórmula do Buda para a felicidade, começam por abordar a Compreensão Correta. Compreensão Correta significa acreditar, pelo menos um pouquinho, que muito embora a vida seja *inevitavelmente* decepcionante, ainda assim é possível ser feliz. Muitas pessoas se interessam imediatamente pela idéia de que há como remediar as tristezas da vida, mas mostram-se relutantes em refletir sobre a questão da *inevitabilidade*. A inevitabilidade, todavia, é uma noção libertadora, porque sem ela pensaríamos que as coisas poderiam ser eternamente perfeitas se fôssemos mais espertos ou se tivéssemos nos esforçado mais. Nada se revela permanentemente perfeito porque nada é permanente.

A percepção da impermanência é um componente crucial da sabedoria e, embora o Buda tenha ensinado muitas coisas, ele falou sobre a impermanência, literalmente, com o seu último suspiro. Ao que consta, essa foi a penúltima frase que ele disse antes de morrer: "Transitórias são todas as coisas condicionadas." Isso significa: "Tudo muda."

Minha amiga Alta tinha 79 anos de idade quando morreu. Eu a conheci 25 anos antes, quando ela se matriculou num curso de ioga que eu estava ministrando. Ela me disse: "Meu marido acabou de morrer depois de um longo período de doença e estou começando a reconstruir a minha vida." Ela se interessou pelos cursos de conscientização e fez todos os cursos que eu ofereci. Ela pode ter-me visto como sua professora mas, na verdade, ela é que me ensinou.

A paradigmática história de Alta aconteceu faz dez anos. Ela deu um mau jeito nas costas, provavelmente durante seu *jogging* de cinco quilômetros e, como a dor era forte, seus amigos convenceram-na a procurar um médico.

"Quando foi a última vez que você passou por um exame médico completo?", perguntou o dr. S.

"Faz 35 anos", foi a resposta de Alta.

As sobrancelhas do médico se ergueram: "Trinta e cinco *anos*? E quanto aos exames dos seios e mamogramas?"

"Nunca fiz nenhum."

"E quanto 'à mudança?' ", perguntou ele.

"Passei por ela", respondeu.

Alta era muito boa em matéria de passar por mudanças e, nesse particular, ela representava para mim um modelo de perfeição. Tornamo-nos boas amigas e passamos muitos dias chuvosos de inverno fazendo roupas na sala de costuras dela, em geral para mim. Eu falava sobre a minha família e ela falava sobre a dela — o tipo de conversa que as mulheres têm quando costuram juntas. Freqüentemente eu ficava aliviada ao perceber que algum problema que estava me afligindo não lhe parecia coisa importante, e notei que ela conseguiu me contar a respeito de algum problema de família — que, para mim, parecia *enorme* — sem interromper a costura e sem errar um ponto. Eu sabia que ela estava triste mas, mesmo assim, Alta parecia estar tranqüila. "Você não está aborrecida?", perguntava eu. "Fiz tudo o que podia fazer a respeito disso", dizia ela, "de modo que não tenho por que ficar aborrecida."

Depois de realmente compreender que tudo muda, podemos ter uma relação mais sábia com as coisas que acontecem em nossa vida. Se as coisas são dolorosas e não podemos mudá-las, podemos, pelo menos, ter confiança de que a nossa dor não vai durar para sempre. Muitas vezes é o pensamento de que a dor não vai cessar que a faz intolerável. As pessoas que tentam consolar amigos que perderam um ente querido dizem coisas como: "O tempo vai curar tudo isso", mas a pessoa que sofreu a perda tem dificuldade para acreditar nisso. Naquele momento, isso não parece ser verdade. A Correta Compreensão significa sentir-se terrivelmente mal, lembrar que a dor é finita e se sentir mais consolado com essa lembrança. E, quando as coisas são agradáveis ou, mesmo, esplendidamente agradáveis, lembrar que a impermanência não diminui a experiência — ela a torna maior.

Intenção Correta: Cultivar o Hábito de Ser Diferente

•

Há muito tempo, quando eu tinha meus vinte e poucos anos e viajar de avião ainda era novidade para mim, eu estava voando de Nova York para Atlanta, Geórgia. Era um dia chuvoso e o avião a hélice não conseguia voar acima das nuvens, de modo que éramos sacudidos pelo mau tempo. Segurei firme na minha poltrona, cerrei os dentes e, com o coração aos pulos, fiquei contando os minutos para a aterrissagem. A "senhora idosa" na poltrona ao lado da minha (uma mulher que provavelmente tinha a idade que tenho hoje) não apenas permanecia impassível como também aceitou a refeição oferecida pela comissária de bordo e almoçou. "Como ela pode não estar assustada?", pensei comigo mesma. Quando tocamos na pista de pouso, em Nova York, sussurrei: "Graças a Deus!" Ela voltou-se para mim e sorriu. "Você disse tudo!", acrescentou ela. Que novidade foi isso para mim! Ela também estivera assustada, mas conseguira almoçar.

Minha amiga Elizabeth sofreu uma mastectomia há dez anos e, enquanto seu marido, Jim, e eu esperávamos do lado de fora do quarto, as enfermeiras vieram contar-nos como estavam indo as coisas e dizer o quanto Elizabeth estava animada ao ser conduzida para a sala de cirurgia. Elas ficaram admiradas com sua tranqüilidade e destemor. Mais tarde contei a Elizabeth aquilo que as enfermeiras haviam dito. "Você não estava mesmo sentindo nenhum medo?", perguntei. Ela riu e disse: "Eu estava *apavorada*, mas achei que não fazia sentido deixar todo mundo preocupado."

Nem a senhora do avião nem a minha amiga Elizabeth estavam

negando os seus sentimentos. Nenhuma delas estava contente com o que estava acontecendo, mas nenhuma delas tinha outra opção. A única escolha que tinham era quanto à maneira de passarem pela situação. Ter a capacidade de escolher que atitude tomar parece-me ser uma grande libertação. Talvez esse seja o significado principal da "liberdade de escolha".

A Intenção Correta é aquilo que se desenvolve na mente depois de compreendermos que a liberdade de escolha é possível. Na vida, o que tiver que ser, será: agradável ou desagradável, desapontador ou emocionante, esperado ou inesperado ou uma combinação de todas essas coisas! Que alívio seria saber que, independentemente de qual seja a próxima onda, poderemos passar por ela com toda a elegância. Se ficarmos realmente bons nisso, poderemos ser como os surfistas e nos deleitar especialmente com as ondas mais difíceis.

Na vida cotidiana, a Intenção Correta traduz-se na resolução de nos comportarmos de modo a ultrapassar os limites da resposta condicionada. Se quero desenvolver um grande bíceps, preciso aproveitar todas as oportunidades para levantar pesos. Se quero viver com amor, generosidade e coragem, preciso superar qualquer tendência para ficar irritada, ser gananciosa ou me sentir confusa. A vida é uma academia de ginástica incrível e cada situação, uma oportunidade para praticar. Na linguagem budista formal, isso é chamado de cultivo do não-ódio, da não-ganância e da não-ilusão.

A Avó de Ronna

•

A avó de Ronna costumava ser rancorosa. Durante os últimos trinta anos da sua vida, ela cultivou uma rixa velada com a mãe de Ronna. A rixa prosseguiu até mesmo depois que sua memória começou a falhar. Certo dia, já perto da morte, essa velha senhora perguntou a Ronna: "Você se lembra por que estou zangada com sua mãe?" Ronna *lembrava-se*, mas achou que não seria proveitoso trazer isso novamente à tona. "Não", respondeu ela, "não me lembro." "Eu também não", disse a avó, "mas lembro-me de que estou zangada."

Para mim, exercitar os "músculos da raiva" até que eles trabalhem no piloto automático é uma coisa muito triste. Fico consternada quando escuto alguém dizer: "Nunca vou perdoar tal pessoa enquanto eu viver!" Penso comigo mesma: "Que escolha terrível essa pessoa está fazendo. Ela já foi magoada por essa pessoa e agora está planejando guardar essa mágoa na memória e, assim, prolongá-la por muito tempo após o momento em que se desenrolaram os acontecimentos que lhe deram origem." A imagem que muitas vezes me vem à mente é a dos filmes de *cowboy* da década de 40, quando um xerife põe um desordeiro na cadeia e fecha a porta sem trancá-la. A graça é que o prisioneiro grita e sacode as grades da cela enquanto a platéia sabe que ele só precisa puxar o trinco para sair.

Às vezes, parece-me que vamos um pouco além de sacudir as grades. Em vez de nos libertar, mantemos nossa posição de belicosa indignação ao remoer nossos ressentimentos. Isso é o mesmo que ter as chaves da cela em nossas mãos, nos trancar dentro dela e jogar a chave longe.

Num famoso sermão no bosque de Jetavana, o Buda ensinou

que as pessoas que continuam a pensar em como foram maltratadas ou ridicularizadas nunca irão livrar-se de seus ódios. As pessoas que foram capazes de renunciar a esses pensamentos, continuou ele, poderão ter amor no coração. Certo dia, eu estava explicando isso a uma classe quando um estudante exclamou: "É *óbvio* que isso é verdade, Sylvia. O perdão é o preço que você paga pela liberdade." "Tom", disse eu, "essa é uma bela frase. Posso usá-la em minhas aulas?" Ele respondeu: "Claro, mas você deve sempre dizer: 'Tom disse isso'." É o que eu tenho feito.

Mary Kay e as Cebolas

•

Você nunca sabe quando ou por que vai ter um ataque de cobiça. A Correta Intenção é a tentativa de nos proteger contra isso. Minha boa amiga Mary Kay e eu estávamos plantando cebolas no último outono, exatamente na lua cheia de outubro. O almanaque diz que a lua cheia propicia a melhor safra. Esse é um trabalho demorado porque cada um dos delicados brotos de cebola deve ser plantado individualmente, mas é também muito agradável porque a temperatura está amena e temos tempo para conversar.

Estávamos nos congratulando por ter conseguido fazer o cultivo naquele dia particularmente auspicioso e eu disse: "E se tivermos uma colheita realmente *abundante*? Será que as cebolas não vão apodrecer se as guardarmos debaixo da casa? Teremos de secá-las? Seria possível cortá-las em pedaços e guardá-las em saquinhos, no *freezer*?". "Sempre poderemos doá-las para a sopa de caridade", disse Mary, "ou para o abrigo dos sem-teto." Mary Kay é diretora de um abrigo para pessoas que não têm onde morar e eu freqüentemente levo coisas para lá. Naquele momento, porém, eu sabia que, embora estivesse preparada para ir ao mercado e comprar um caminhão de cebolas para o abrigo, eu queria que as cebolas *daquela* horta fossem para o *meu* estômago. Uma cebola é uma cebola, e eu estava plantando porque gosto de plantar e não por não poder comprar uma cebola e, no entanto, eu estava ali sentindo a agonia de uma hipotética perda futura. Trata-se de uma dor real, a cobiça da mente pelo que pensa necessitar — ainda que isso seja apenas uma cebola. Superei minha avareza e, assim, evitei o possível sofrimento adicional de ter de confessá-la. "É claro que vamos doá-las", disse eu, de todo o coração. Isso foi um grande alívio.

Na loja de Jimtown, no vale Alexander, Califórnia — o lugar onde moro — há uma tabuleta que diz: "Liberdade não é licença para fazer tudo o que você quiser. É a liberdade de fazer o que deve ser feito."

Collin e o Convento

•

Jurei a mim mesma, alguns anos atrás, que, se alguma coisa me causasse medo e, mesmo assim, ela estivesse dentro daquilo que eu pudesse razoavelmente esperar de mim mesma, eu a faria. Minha diretriz geral — “Se os outros fazem isso, eu posso fazer” — impeliu-me a fazer algumas coisas que, de outra forma, iriam parecer-me assustadoras. O juramento permitiu-me praticar mergulho e conhecer o surpreendente mundo submarino, além de me ajudar durante as profundas e extraordinárias experiências de meditação pelas quais passei, a fim de olhar de perto o espantoso mundo interior.

A coragem é um hábito mental e algumas pessoas a têm num grau maior do que as outras, o que é uma vantagem. Ser capturado pelo medo é uma forma de ilusão. Ou eu posso fazer alguma coisa ou não posso. Se eu não posso realmente fazer alguma coisa — sou incapaz de operar máquinas, de modo que pilotar um avião seria insensato — não faço isso. Se realmente posso, e isso de fato seria algo digno de ser feito, obrigo-me a tentar. Imaginei um dia que o medo é uma série de descargas neuronais no cérebro, e me ressenti da sensação de estar sendo mantida em cativeiro por correntes elétricas cerebrais.

As avós freqüentemente representam o papel de mestres espirituais. Minha avó foi a minha primeira professora, e espero estar dando continuidade à tradição que ela me transmitiu. A lição que melhor aprendi com ela foi a da firmeza diante de situações desagradáveis. “Onde está escrito”, perguntava ela, “que você tem de ser feliz o tempo todo?”

Quando meu neto Collin tinha três anos de idade, levei-o para visitar minha amiga Mary. Ela é uma das Irmãs Dominicanas de San

Rafael e, na época da nossa visita, estava morando em um imenso e maravilhoso convento que, durante muitos anos, foi a sede de sua ordem. A construção tinha portas altas, pesadas e imponentes e, levando até elas, uma escadaria muito longa. Mary havia me contado o quanto lhe parecera difícil e assustador passar por aquelas enormes portas trinta anos antes, quando ingressara na ordem como noviça. Collin também não gostou da entrada.

"Não gosto dessas escadas, vovó. Vamos para casa."

"Agora não é hora de ir para casa. É hora de visitar a tia Mary."

"Eu não gosto *mesmo* desses degraus, vovó."

"Você não tem de gostar deles, Collin. Você só tem que subir por eles. Segure a minha mão; vamos fazer isso juntos."

Fizemos a nossa visita, obviamente, e o próprio Collin apreciou-a. Ele voltou na condição de Mestre das Longas Escadarias. "Uau! Olhe só para aquelas escadas, vovó!" Fiquei feliz com o seu triunfo e com o início de seu treinamento espiritual. Freqüentemente conto a história de Collin aos meus alunos, especialmente aos que estão praticando meditação em retiros espirituais. Conto-a quando alguém diz: "Eu e minha mente estamos enfrentando uma situação nova e, por isso, estou assustado." Eu quero que as pessoas saibam que o novo e o desconhecido freqüentemente nos causam medo, mas que isso não precisa ser assim. Se alguém segurar a nossa mão, o "assustado" torna-se "interessado", e estar "interessado" é um dos Fatores de Iluminação.

Ação Correta

•

Na maioria das vezes, os códigos de ética estão associados a proibições: não faça isso, não faça aquilo. Todas as tradições espirituais que conheço têm mais ou menos a mesma lista de proibições. Isso faz sentido, pois todas as proibições desenvolvem-se a partir da percepção de que, se não estivermos alertas, nossa propensão natural para o rancor e para a cobiça poderia levar-nos a abusar das outras pessoas ou a cometer atos ofensivos contra elas. A regra fundamental é: "Não cause dor."

Ao tratar da Ação Correta, os textos tradicionais budistas usam os termos *hiri* e *ottappa*, em geral traduzidos como "vergonha moral" e "medo moral". Vergonha e medo têm conotações sinistras na nossa língua, mas eu gosto desses termos. Aprecio a idéia da medonha responsabilidade que eles pretendem transmitir. Considerados em conjunto, eles significam que cada ato tem o *potencial* de causar dor, e cada coisa que fazemos tem conseqüências cuja repercussão é maior do que podemos imaginar. Isso não significa que não devamos agir. Significa, isto sim, que devemos agir com cuidado. Tudo é importante.

Meu Avô e as Laranjas

•

Não me lembro de quando soube a respeito de meu avô e das laranjas, mas acho que devo ter ouvido essa história quando eu tinha nove ou dez anos de idade. Eu provavelmente estava lhe perguntando por que ele, embora trabalhasse num posto de gasolina, não sabia dirigir um carro.

"Quando cheguei aos Estados Unidos", disse ele, "eu tinha 25 anos e alguém tentou me ensinar a andar de bicicleta. Eu não era muito bom nisso e, um dia, colidi com uma mulher que estava carregando sacolas de supermercado. Uma das sacolas caiu ao chão e as laranjas rolaram pela rua. Fiquei aborrecido com o problema que havia causado e nunca mais quis voltar a dirigir coisa nenhuma!"

"Mas foi só uma vez!", protestei.

"Não importa", respondeu ele. "Depois que vi como é atropelar alguém, não quero que isso aconteça nunca mais."

Talvez esse seja um exemplo extremo de *hiri* e *ottappa*, mas tenho grande admiração pelo meu avô. E, ao longo dos anos, conforme a história ia sendo repetida, percebi que ele estava satisfeito com a decisão que tomara. Ele realizou seu desejo de não ferir ninguém. Conforme ele se expressou, com sua maneira característica de falar: "Eu jamais quis causar problema a ninguém."

Ação Correta: Primeiros Socorros num Avião

•

As proibições com relação ao comportamento representam apenas metade da Ação Correta. A outra metade consiste em aproveitar cada oportunidade de amenizar a dor. Adotar o mundo todo é muito mais do que um nobre gesto em favor dos outros: é um bem que fazemos a nós mesmos.

Ao fazer um retrospecto do meu comportamento em determinadas situações, às vezes me sinto muito triste por ter perdido uma oportunidade de agir de modo a diminuir algum sofrimento. Perdi uma chance há cinco anos, numa viagem de avião, e, desde então, tenho lembrado e refletido muito a respeito disso. Na semana passada, quase perdi uma outra oportunidade, em outro avião, mas consegui corrigir-me bem a tempo. Depois disso, perguntei-me se o meu primeiro erro fora apagado pelo segundo acerto, e cheguei à conclusão de que esse tipo de pensamento é irrelevante. A ação correta é uma obrigação permanente. Não há nenhum ponto de equilíbrio, em que empatamos o jogo. Se for necessário agir e a ação for possível, ela precisa ser executada. Esta parece ser uma tarefa enorme — como o voto bodhisatva de acabar com todo sofrimento — e de fato é. Todavia, essa não é uma tarefa árdua. As decisões são tomadas com facilidade. Como se eximir da responsabilidade não é uma opção, a única tarefa é imaginar o que é apropriado fazer e partir para a ação.

Primeiros Socorros num Avião — Parte I: o Erro

•

Eu estava na minha poltrona, com o cinto de segurança apertado, enquanto os últimos passageiros embarcavam para o vôo entre Boston e São Francisco. Foi o tom irritado da voz da mãe que primeiramente chamou a minha atenção. Levantei a cabeça e vi que seu rosto estava ruborizado e contraído. Seu filho pequeno parecia estar pálido e assustado. Ela carregava sacolas de viagem e empurrava o garoto em direção aos assentos, repreendendo-o a cada passo. Encolhi-me, pensei mal dela e olhei para o outro lado.

Foi um vôo de seis horas. A mãe e o filho sentaram-se algumas fileiras atrás de mim e, de quando em quando, eu podia ouvi-la falando asperamente com ele. Cada vez que a ouvia, eu ficava aborrecida. Desejei estar em outro avião. Fiquei irritada com a mulher por ela ter estragado o que eu esperava fosse um vôo relaxante. Preocupei-me com o garoto e imaginei um futuro sombrio para ele. Pensei em como, algum dia, a lembrança desagradável daquele ato iria perseguir aquela mãe. Fiz tudo, menos ajudar.

Nessa ocasião, não me ocorreu nenhuma maneira de intervir. Talvez eu me sentisse tão transtornada que achei que pudesse deixar escapar alguma observação grosseira. Talvez eu estivesse com medo de que ela reagisse de modo agressivo. "O que eu poderia dizer", pensei comigo mesma, "que pudesse ser útil?"

O avião aterrissou e a senhora e o filho desapareceram na multidão. Então, talvez por ter deixado de lado os julgamentos, percebi o que eu poderia ter feito. Eu poderia ter parado ao lado da poltrona dela, sorrido e dito: "É muito difícil viajar sozinha com uma criança, não? Também passei por isso há muito tempo, e lembro bem como foi. Há quanto tempo vocês estão viajando? Vão precisar esperar muito tempo no aeroporto? Para onde vão? Alguém vai esperar por vocês?" Não *todas* essas perguntas, evidentemente. Uma ou duas delas teriam feito com que ela soubesse que eu havia notado sua situação angustiante e me importado o suficiente para perguntar. Isso teria ajudado.

Quem sabe o que poderia ter acontecido se eu e ela tivéssemos conversado? Talvez eu tivesse a oportunidade de dizer-lhe alguma coisa útil a respeito de como educar uma criança. Talvez eu tivesse conseguido fazer com que ela pensasse em mudar sua maneira de tratar o filho. Talvez a vida daquele garotinho tivesse sido diferente.

As coisas que eu *poderia* ter feito pareceram-me muito claras logo depois, quando já era tarde demais para agir. Senti remorso. Os budistas falam acerca de atos que "condicionam" outros atos e a minha não-ação condicionou uma determinação de fazer melhor da próxima vez.

Primeiros Socorros num Avião — Parte II: a Correção

•

Cinco anos depois, sentada mais uma vez em minha poltrona no vôo 33 da United, entre Boston e São Francisco, eu esperava aproveitar as seis horas de vôo para escrever, pois faltavam apenas algumas semanas para a data de entrega do manuscrito deste livro. A senhora ao meu lado parecia claramente pouco à vontade, remexendo-se em sua poltrona, ansiosa por entabular conversa. Ela contou-me que machucara o cóccix numa queda que sofrera recentemente, e que sentia dores quando ficava sentada por muito tempo. Explicou-me que estava preocupada porque o vôo seria longo demais para ela conseguir suportar a vontade de fumar.

Resolvi conversar com ela durante algum tempo, esperando que ela sossegasse, de modo que eu pudesse trabalhar sem parecer indelicada. Arrumei meus papéis de uma maneira que sugeria a minha intenção de começar a trabalhar, mas cada vez que concluíamos um assunto e eu me voltava para os papéis, ela começava a falar sobre outra coisa.

O almoço foi servido. Eu pensei que a conversa durante a refeição me permitisse voltar a escrever a sério, mas isso não aconteceu. Quanto mais o vôo se prolongava, mais desconfortável ela parecia estar. Suas costas doíam e ela sentia falta do cigarro.

Na verdade, foi ela — e não eu — que agiu a tempo de impedir que eu cometesse um erro. Havíamos falado sobre nossas atividades profissionais, e ela me fez uma longa série de perguntas sobre o que eu fazia como professora de meditação: A quem eu ensinava? Aquilo que eu ensinava era bom para as pessoas que estivessem passando por situações estressantes? Era difícil de aprender? Como ela poderia aprender? Animadamente, ela me fizera anotar nomes de livros que ela poderia ler, de fitas que poderia comprar e de lugares aos quais poderia ir para estudar.

Por fim, tive uma idéia. Eu disse: "Você gostaria que eu lhe ensinasse meditação agora mesmo? Talvez isso possa fazê-la sentir-se melhor."

"Sim, eu gostaria", disse ela. "Gostaria mesmo."

Coloquei de lado os papéis em que eu estava escrevendo e dei a ela algumas instruções sobre como meditar. Ela ficou sentada em silêncio durante algum tempo e, depois, conversamos sobre o que ela sentira.

Ela disse que se sentia mais relaxada. Falamos sobre como o fato de se sentir um *pouco* melhor a fez se sentir *muito* melhor, porque agora ela tinha a certeza de que iria sobreviver à viagem. Falamos sobre o modo como a mente percebe a dor e a torna maior do que ela de fato é.

Comecei a perceber que eu estava passando por momentos agradáveis. Ocorreu-me que era totalmente ridículo estar escrevendo um livro sobre a satisfação proporcionada por atos altruístas de bondade enquanto tentava ignorar uma pessoa que estava sentada ao meu lado e sentindo dores. Durante a última meia hora de vôo, ela pegou no sono e eu escrevi algo realmente bom.

A Palavra Correta: Aquilo que Você Diz a uma Pessoa, Ela Pode Guardar para Sempre

•

Uma tabuleta no armazém de Jimtown, perto de onde moro, diz:

> Tome cuidado com as palavras que usa,
> Que sejam bem poucas e doces,
> Pois nunca se sabe qual delas
> Um dia você mesmo terá de engolir.

Penso muito no fato de o Buda ter criado uma categoria à parte para a Palavra Correta. Ele poderia ter sido mais eficiente, incluindo-a na Ação Correta, pois falar é uma forma de ação. Durante algum tempo, pensei que a fala ocupava uma categoria separada porque falamos muito. Mas depois mudei o meu ponto de vista — algumas pessoas *não* falam muito. Agora, acho que ela ocupa uma categoria separada por causa do poder que a palavra tem.

Li uma frase em uma revista, alguns anos atrás. Tratava-se um tapa-buracos acrescentado ao final da coluna porque o artigo não era suficientemente grande. Não me lembro do nome da revista nem do tema do artigo, mas lembro-me da frase. Ela dizia: "Paus e pedras talvez quebrem os meus ossos, mas as palavras podem me ferir para sempre."

Às vezes, durante uma aula, eu digo: "Levantem a mão os que já sofreram algum tipo de fratura óssea." Depois que as pessoas levantam as mãos, eu digo: "Não baixem a mão se o osso ainda estiver doendo." Em geral, todas as mãos são abaixadas. Depois eu digo: "Levantem as mãos se ainda estiverem se sentindo magoados por causa de algo que lhes disseram no ano passado." Muitas mãos são levantadas. "Mantenham as mãos erguidas se ainda estiverem magoados por causa de uma observação que alguém lhes fez nos últimos cinco anos." As mãos continuam levantadas. "Últimos dez anos... vinte anos... trinta anos... uma observação que tenha sido feita quando vocês tinham menos de cinco anos de idade." Muitas pessoas ainda conservam uma das mãos erguida. Elas olham em torno e sorriem timidamente, mas não creio que alguém estivesse achando a coisa engraçada. Esse é um belo momento de comiseração compartilhada, de sermos testemunha de que todos nascemos para carregar a carga representada pela dor das observações ofensivas. Talvez pensemos que, se fôssemos adultos maduros, teríamos superado as reprimendas sofridas na infância. Pergunto-me se algum dia chegaremos a conseguir fazer isso. Acho que somos todos muito vulneráveis, como bombas recheadas de creme — firmes por fora mas frágeis por dentro, e muito doces.

Na década de 60, quando o espírito da época era "*letting it all hang out*" [não guardar nada consigo], pensei várias vezes em escrever um livro intitulado *Holding It All In* [*Guardando Tudo para Si*]. Acho que eu estava alarmada com a possibilidade de que as pessoas tivessem deixado de perceber o quanto todos nós somos vulneráveis. Recentemente mudei o título de meu livro para *Holding It All In Until We've Figured Out How to Say It in a Useful Way* [*Guardando Tudo para Nós Até Descobrirmos Como Falar Sobre Isso de uma Forma Proveitosa*].

Creio que somos obrigados a dizer a verdade. Dizer a verdade é uma maneira de cuidar das pessoas. O Buda pregou a honestidade completa, além de alertar para o fato de que tudo o que a pessoa diz deve ser verdadeiro e proveitoso.

Quando o Buda ensinou a Palavra Correta, ele nos proporcionou um guia para fazer correções. Advertências e conselhos devem ser oportunos, sinceros, amáveis e proveitosos. Quando falo às pessoas sobre esses critérios, elas freqüentemente exclamam: "Mas desse jeito nunca seria possível advertir alguém!" Eu penso de outra forma. Eu acho que, com a Palavra Correta, as pessoas podem fazer sugestões ou observações de modo que a outra pessoa possa ouvi-las e usá-las sem sentir-se diminuída.

Exercícios Avançados para Praticar a Palavra Correta: o que Estou Prestes a Dizer Trará mais Benefícios do que se eu me Mantivesse em Silêncio?

•

Basicamente, a Palavra Correta é aquela que não causa dor em nenhuma circunstância. Isso inclui erros óbvios, como contar mentiras, ou o uso deliberado da palavra para ofender alguém. Num sentido mais elevado, a Palavra Correta ajuda a manter as situações equilibradas, sem acrescentar o elemento desestabilizador da fofoca.

Fofocar é falar sobre alguém que não está presente. Exceto nas raras ocasiões em que for preciso comunicar alguma necessidade dessa pessoa, em benefício dela mesma, a fofoca não tem razão de ser. Falar depreciativamente a respeito de uma terceira pessoa significa convidar o interlocutor a partilhar de seu universo mental sombrio. Falar com admiração sobre uma terceira pessoa poderia fazer com que o seu ouvinte se sentisse pouco importante. Por que não falar sobre as experiências pelas quais vocês mesmos estão passando?

Eis um exercício avançado para praticar a Palavra Correta. Comece amanhã ao despertar; não fofoque. Veja o que acontece se você se abstiver de fazer comentários sobre alguém que não está presente. Ouça com atenção a voz em sua mente quando ela estiver pronta para fazer um comentário, e pense consigo mesmo: "Por que estou dizendo isso?" Tomar consciência da intenção é a melhor forma de saber se a observação que você está prestes a fazer estará de acordo com o princípio da Palavra Correta. A sua intenção é boa e você deseja ajudar? Ou o que você quer fazer é exibir-se ou denegrir alguém?

Às vezes, a fofoca parece inofensiva, apenas uma tentativa de manter a conversa fluindo, de preencher o "vazio". Acho que fazemos isso porque receamos que a pessoa que nos acompanha pense que não estamos suficientemente interessados nela para conversar. É um prazer poder estar com alguém e dizer: "Estou me divertindo muito e gostando de caminhar com você (comer com você, ouvir música com você, catar conchas com você), de modo que não precisamos conversar." Venho de uma longa descendência de grandes tagarelas e, portanto, foi para mim uma surpresa descobrir o quanto eu estava gostando do silêncio dos retiros para meditação, onde não existe nenhum tipo de conversa. Preparar uma salada em silêncio, junto com outra pessoa, é uma atividade muito sociável. Na verdade, partilhar com um estranho, durante uma semana, o ato silencioso de preparar saladas, desperta a sensação de que somos amigos íntimos.

A prática da Palavra Correta, em seu nível mais elevado, requer a percepção consciente da intenção em *toda* a comunicação, e não apenas da fofoca. Comecei a ordenar o meu discurso depois de um período de prática silenciosa num retiro. Quando voltei para casa, passaram-se diversos dias antes que o meu discurso voltasse à sua velocidade reflexa costumeira. Pude notar que, entre o momento em que as palavras surgiam na minha mente e saíam da minha boca, eu tinha tempo suficiente para tomar consciência das minhas motivações. Minha motivação revelou-se muito boa, mas não tão boa quanto eu imaginara. Talvez 80% de minhas respostas eram a revelação de fatos, em 10% das vezes eu estava motivada pelo prazer derivado da forma inteligente como eu ia expressá-los, e em 10% das vezes eu estava tentando influenciar a opinião de alguém. Às vezes, era ainda pior! Os últimos 10% eram uma tentativa velada, uma forma sorrateira de vingar-me de alguma desfeita real ou imaginária.

No início, fiquei consternada ao descobrir que estava usando o meu talento para nuanças verbais com a intenção de ser secretamente cruel, mas me senti melhor tão logo resolvi não fazer mais isso. A obediência ao princípio da Palavra Correta, num nível elevado, não se revelou muito difícil. Depois que a mente está programada para procurar mensagens ocultas, ela faz isso automaticamente. Essa mudança simplificou a minha vida porque, depois disso, passei a ter muito menos trabalho consertando os prejuízos causados por palavras infelizes.

A Palavra Correta, no seu nível mais elevado, é honestidade em altíssimo grau, coisa que requer um comportamento impecável. Aprendi isso com Jim, um psicólogo que conheci quando estávamos participando de um encontro budista-cristão. Eu havia lido os livros dele e estava feliz com a oportunidade de jantar em sua companhia.

"O que você acha do tópico A, Sylvia?", perguntou ele. (Estou usando um tópico genérico porque não me lembro sobre o que estávamos conversando, e o que aprendi com Jim estava mais relacionado com o *modo* como falávamos do que com qualquer tópico.)

"Eu acho isto, isto e isto", respondi imediatamente. "Qual a sua opinião sobre os tópicos B e C?"

Ele simplesmente continuou sentado onde estava. "Minha nossa!", pensei eu. "Talvez eu o tenha ofendido. Talvez esses assuntos sejam muito pessoais. Talvez o número de tópicos seja excessivo."

Dali a pouco, ele disse: "O que eu penso sobre os tópicos B e C é isto, isto e isto. O que você acha de D?"

"Bem, quanto a D", respondi, "acho isto, isto e isto. E quanto a E e F?"

Mais uma vez, ele ficou em silêncio, e comecei a perceber o que estava acontecendo. Quando eu lhe perguntava o que *ele* achava, Jim passava algum tempo *pensando*. Ele estava respondendo aquilo que ele pensava no momento, e não no dia ou na semana anteriores. Senti-me lisonjeada. Senti que ele respeitava as minhas perguntas o suficiente para se dar o trabalho de me dizer seu ponto de vista mais recente sobre a verdade acerca do que eu lhe perguntara.

O exercício da Palavra Correta no seu nível mais elevado é a Regra dos 60 Segundos para responder. Sempre que alguém fizer uma pergunta, a pessoa que responde precisa fazer uma pausa de 60 segundos antes de responder. Como a pausa é obrigatória, há uma boa probabilidade de que a resposta inclua reflexão, exame de intenção, planejamento da inflexão — todos os elementos necessários para dar uma resposta sábia.

Modo de Vida Correto: Pearl e o Ato de Passar Roupa

•

O Modo de Vida Correto parece mais difícil de praticar nos dias de hoje do que na época do Buda. A regra ainda é a mesma: o Modo de Vida Correto consiste em organizar a sua base financeira de forma que ela não maltrate, não explore e não cause mal a ninguém. Todavia, nos dias de hoje o abuso e a exploração não são sempre tão evidentes.

Na época em que o Buda vivia, os modos de vida perniciosos eram fáceis de distinguir. Atuar como soldado, manter escravos, fabricar armas e produtos tóxicos — todos esses modos de vida estavam na lista das atividades proibidas. Em nossa época, os soldados às vezes representam o papel de guardiões da paz. É difícil avaliar a qualidade de todos os produtos de todas as empresas, em virtude da fusão entre elas. Quem sabe o que está sendo fabricado pelas subsidiárias da empresa que fabrica o detergente que eu uso?

Dizer: "Fulano de Tal é uma pessoa muito bem-sucedida", freqüentemente significa dizer que "Fulano de Tal acumulou muito dinheiro". Isso não significa necessariamente que Fulano de Tal seja uma pessoa ética, que tenha moral elevada ou que seja feliz. Os ensinamentos do Buda sobre o Modo de Vida Correto não proíbem a riqueza — ele ensinou todo tipo de pessoas, incluindo reis — mas não está preocupado com o valor das coisas, mas com o fato de serem ou não saudáveis.

Para mim, o quadro completo do Modo de Vida Correto é ainda mais amplo do que as prescrições que refletem escolhas *externas*. As escolhas *internas* saudáveis — atitudes saudáveis com relação ao seu trabalho — também contribuem para a felicidade mental e para a paz de espírito. O modo de vida de cada pessoa é uma oportunidade para cultivar o amor-próprio.

Minha amiga Pearl começou a trabalhar como nossa governanta quando meus quatro filhos eram bem pequenos e eu estava começando a fazer pós-graduação. Eu estava orgulhosa de mim mesma por ter sido aceita numa escola de prestígio, e Pearl estava feliz com o seu novo emprego.

Pearl era uma boa cozinheira e meus filhos adoravam os seus pratos, preparados com carinho e à moda do meio-oeste. Ela organizava revezamentos para levar as crianças de carro à escola, lembrava-se de consultas marcadas com o dentista e cuidava das crianças quando ficavam doentes. Uma tarde, depois de passar o dia na escola, voltei para casa e encontrei-a terminando de passar a ferro a roupa da semana. O ferro estava pendurado num suporte apropriado, um objeto que pouquíssimas pessoas têm hoje em dia.

"Pearl", exclamei, "estas roupas estão muito bem passadas!"

"É", respondeu ela, "tenho realmente orgulho do capricho com que passo as roupas."

Fico feliz por ter prestado atenção à resposta de Pearl. Lembro-me disso hoje, trinta e tantos anos depois. Não é que eu tivesse uma atitude arrogante com relação às atividades profissionais. O que aprendi com Pearl naquele momento foi que *aquilo* que você faz, externamente, é apenas metade da história. Aquilo que você faz a você, internamente, é a outra metade!

Esforço Correto: "Lembre-se, Seja Feliz"

•

As instruções tradicionais para o Esforço Correto são fáceis de compreender. O Buda usou especialmente os termos *saudável* e *pernicioso* para indicar aquilo que conduz à felicidade e aquilo que conduz à infelicidade. As diretrizes são: Observe quando sentimentos saudáveis — tais como amizade, compaixão ou generosidade — estiverem presentes na sua mente, e estimule-os a crescer. Procure deixar-se levar por esses sentimentos, de modo a gerar felicidade. Fique também atento para o caso de pensamentos perniciosos — de raiva ou ganância — começarem a passar pela sua mente, e tente esquecê-los. Além do mais, as instruções afirmam que esses pensamentos perniciosos devem ser eliminados da mente.

Eu acho que o Buda queria dizer que temos certo poder de escolha no que se refere aos nossos estados mentais. Isso, porém, é mais fácil de dizer do que de fazer. A ganância e a raiva, pelo menos em pequenas doses, têm um efeito estimulante e são sedutoras. Talvez seja esse o motivo pelo qual ele chamou a isso de Esforço Correto e Escolha Correta. Certa vez, há muitos anos, fui de carro até o aeroporto de Oakland para esperar meu marido, que estava voltando num vôo tarde da noite. A estrada deserta era monótona. Comecei a sentir sono e fiquei com medo de dormir ao volante. De repente, com o fluxo de pensamentos que passava pela minha cabeça, lembrei-me de um problema que estava tendo com um parente distante e fiquei aborrecida por causa do que essa pessoa supostamente dissera sobre mim.

"Mas que atrevimento, o dela!", pensei, e nesse momento senti-me desperta. Um golpe de justa indignação dissipara a sonolência.

"Uau! Isso é incrível!", pensei, e congratulei-me pela minha nova descoberta. "Os estados mentais são intercambiáveis. Posso substituir um pelo outro. Posso manter-me acordada pensando em coisas que me deixam zangada."

E foi o que fiz. Durante o resto do percurso para o aeroporto, tive pensamentos que me deixaram irritada e repassei mentalmente diversas conversas: o que eu disse, o que ela disse que eu disse, o que eu poderia dizer a todo mundo acerca do que ela disse que eu disse. Quando cheguei ao estacionamento do aeroporto, eu estava bem acordada. Não me lembro muito bem, mas aposto que provavelmente eu também estava meio irritada — não exatamente o melhor estado de espírito para encontrar alguém que estava voltando para casa.

Dois dias depois, contei todo o caso ao meu professor, esperando que ele me congratulasse pelo meu novo grau de entendimento a respeito da relação corpo-mente. Ele riu e disse: "É claro, você está certa a respeito de substituir estados mentais. Todavia", acrescentou ele, "você também poderia ter-se mantido acordada com pensamentos sensuais, e isso teria sido mais agradável." Provavelmente, também teria me colocado num estado de espírito mais apropriado para receber meu marido de volta ao lar.

Muito tempo depois, comecei a compreender que, exceto pelos pequenos ataques de ganância ou raiva, que constituem respostas naturais da mente a situações agradáveis e desagradáveis, demorar-me em qualquer estado mental é tedioso. A aversão e o anseio prolongados são ao mesmo tempo cansativos e desestimulantes. Eles fatigam a mente. Essa é outra razão pela qual é difícil dispersá-los. Acho que ficamos cansados demais para vencê-los ou para enxergar através deles. Precisamos de sinais para nos lembrar disso, e às vezes é preciso que as outras pessoas nos lembrem.

Eu estava atravessando a ponte Golden Gate para ir ao encontro de um amigo com quem ia assistir à apresentação de uma ópera e, por uma razão qualquer, estava mal-humorada e irritada. Deixei de perceber todo o panorama da baía envolvendo as luzes de São

Francisco, cruzei o pedágio e entreguei o meu bilhete ao funcionário que cobrava o pedágio. "Tenha uma noite *realmente* maravilhosa", disse ele. Zap! Um arrepio de alerta percorreu o meu corpo. "O que diabos estou fazendo?", pensei. "Aqui estou eu, indo encontrar um amigo que adoro, para fazer uma coisa que eu adoro e estou de mau humor."

Sem dúvida há coisas tristes acontecendo no mundo — e, até mesmo, na minha vida — neste momento, mas ficar resmungando não melhora nada. Na verdade, isso torna as coisas piores. O Buda ensinou que "Cada momento mental condiciona o momento seguinte". Viver resmungando e ficar de mau humor faz com que a mente atole-se no cansaço de sua própria história. A felicidade a empurra para fora do atoleiro e faz com que ela continue seguindo em frente.

Sharon, com quem aprendi a meditar com benevolência, encerrava nossas entrevistas entre professor-aluno dizendo: "Lembre-se, Sylvia, seja feliz!" Durante muito tempo pensei que isso fosse o casual cumprimento "Tenha um bom dia", que os californianos costumam dizer. Depois de algum tempo percebi que se tratava de uma instrução.

Concentração Correta: Como Amortecer o Golpe

•

O Buda ensinou que a Concentração Correta era a capacidade de manter a atenção concentrada em uma só coisa. Focalizar a atenção dessa forma gera qualidades mentais específicas. Particularmente importante é o sentimento de tranqüilidade, de equilíbrio e de descontração — um estado que os textos tradicionais chamam de "maleabilidade da mente".

Durante algum tempo, ministrei um curso chamado "O Trabalho Manual com Agulha como Exercício de Concentração". Reuníamo-nos em sessões de duas horas numa sala de meditação. Durante a primeira hora, todos nos sentávamos em silêncio e fazíamos trabalhos manuais com agulha. As pessoas tricotavam, faziam crochê, bordavam e faziam renda. Os únicos sons eram o "clique-clique" das agulhas de tricô e o ruído da linha passando pela lona ou pelo tecido e, no inverno, o barulho da chuva. Na segunda hora continuávamos fazendo os trabalhos manuais e todos conversávamos.

Nunca falávamos sobre o trabalho que estávamos fazendo, mas sim sobre nossa vida, nossos medos, lutas e tristezas. Falávamos uns com os outros com serenidade e ouvíamos com equilíbrio. Todos concordavam que a hora de concentração, anterior à conversa, é que nos permitia nos abrir de forma tão profunda. O exercício de concentração fortalece *e* enternece a mente. Isso não é um paradoxo; é a verdade.

Descobri pela primeira vez os efeitos da concentração ao final de duas semanas de meditação silenciosa num retiro no Estado de Washington, em 1977. No retiro, tudo era estranho e difícil. Meu corpo doía por eu ficar muito tempo sentada, eu lutava contra o sono e estava confusa com relação às instruções.

Comecei a considerar a experiência como se fosse um teste de sobrevivência mental e senti que terminá-la seria um triunfo. À medida que os dias se passaram, as dores no corpo desapareceram e me senti menos sonolenta, mas nada de surpreendente aconteceu. No último dia, se alguém tivesse me perguntado: "Você está diferente?", eu teria respondido: "Não."

Naquela tarde, depois que o período de silêncio terminou, liguei para o meu marido, na Califórnia, para combinar o horário em que ele iria me esperar no aeroporto. Durante nossa conversa, perguntei sobre meu pai, que andara se sentindo abatido antes da minha partida. "Como tenho de ser sincero com você", disse ele, "lamento ter de contar-lhe que seu pai tem câncer, um tipo de câncer que não é curável." Nesse momento, descobri que eu *estava* diferente.

As más notícias geralmente são sentidas como uma pancada na cabeça. No momento em que ouvi a notícia sobre o meu pai, eu sabia que estava absorvendo-a de uma maneira diferente. Não que eu não me sentisse triste. Sentia-me terrivelmente mal. Meu pai era jovem, vigoroso e um bom amigo. Essas notícias me pareceram um golpe de marreta, mas foi como se ele tivesse sido desferido contra um colchão e não contra uma parede de tijolos. Eu fiquei abalada, mas não desmoronei. Senti uma dor e uma tristeza muito profundas. Depois, juntei-me às outras pessoas que também haviam participado do retiro e tomei chá.

Não tenho nenhum desejo de imobilizar minha mente a ponto de não me sentir entristecida pela perda. Quero sentir profundamente e, sempre que fico de coração partido, saio mais compassiva da experiência. Acho que me deixo ficar abatida com mais facilidade, pois sei que não ficarei irremediavelmente arrasada.

Consciência Plena Correta: Meu Pai e Os Caçadores da Arca Perdida

•

Consciência plena é a aceitação consciente e equilibrada das experiências do presente. Não se trata de nada mais complicado do que isso. É a receptividade ao momento presente, seja ele agradável ou não, tal como ele é, sem nos apegarmos a ele e sem o rejeitarmos. Creio que há três maneiras de compreender o objetivo da prática da consciência plena.

A primeira maneira é ver como ela leva à sabedoria. À medida que a pessoa consegue se manter cada vez mais alerta e equilibrada a cada momento, as verdades fundamentais da vida vão-se apresentando na forma de introvisões. À medida que essas introvisões aumentam — prometem os ensinamentos — diminui a tendência natural da mente para continuar a se apegar ao que é essencialmente incompreensível, e o sofrimento é amenizado.

A segunda maneira de compreender como a prática da conscientização funciona é considerar que a própria prática rompe o padrão habitual da mente de fugir do mal-estar. A pessoa fica sentada (ou de pé, ou caminha, ou come, ou faz alguma outra coisa), hora após hora, *praticando* a arte de se manter calma e alerta em toda a gama de estados mentais e corporais que se apresentam — *sem fazer nada* para mudar as experiências, mas, em vez disso, descobrindo que a experiência é *suportável*. Assim, a pessoa passa a perceber que esse exercício é um antídoto para a reação costumeira de agitação e confusão mental que nos assalta a cada momento.

A terceira maneira é considerar a própria prática da consciência plena *como* algo libertador, em vez de encará-la como algo que *le-*

va à liberdade. Qualquer momento de lucidez não perturbado pela tensão do julgamento ou da preferência, da rejeição ou do desejo, é um momento de liberdade. Temos apenas momentos. O agora é o único momento que temos. A "catalogação" e a "estocagem" dos momentos de liberdade que temos agora, para garantir o nosso bem-estar futuro, podem ser bons lembretes, mas não garantem a liberdade para sempre. A antecipação da liberdade futura pode condicionar a Intenção Correta ou o Esforço Correto, mas se ela implicar esforço mental no presente ou um sentimento de necessidade ou de imperfeição, não haverá liberdade no momento presente.

É provável que muitos praticantes de meditação, sejam ou não budistas, conheçam a história do monge que estava sendo perseguido por um tigre na beira de um precipício. Ele salta para o abismo e se agarra a uma trepadeira que crescera por sobre a borda. Abaixo dele há uma longa queda rumo à morte certa; acima, os dentes e as garras do tigre. Enquanto o monge está pendurado no ar, um rato começa a roer a trepadeira acima dele. A situação do monge é periclitante. Na parede de pedra, diante dele, há um morango silvestre, que ele colhe e come. O monge diz: "Este morango está delicioso."

Meu pai morreu em decorrência de um mieloma múltiplo, um câncer que pode ser tratado, mas não curado. Durante os sete anos de sua doença, ele suportou a perda de vigor e a dor cada vez mais forte com inabalável estoicismo. Ele recorreu a uma bengala, passou para as muletas e, então, começou a usar uma cadeira de rodas — dando continuidade, enquanto isso, a uma intensa vida social. Conversamos aberta e freqüentemente sobre a inevitabilidade de sua morte em um futuro próximo, e ele parecia resignado em aceitá-la, sem desesperar-se ou deixar-se abater. Fizemos graça imaginando a família de qual neto ele iria escolher como a mais adequada para reencarnar, caso realmente ele tivesse a possibilidade de escolher.

Certo dia, quando a doença estava bem avançada, notei que seu espírito parecia particularmente enfraquecido. Tínhamos um longo dia pela frente, e eu disse: "Vamos assistir a um filme." Ele olhou para mim, aparentemente incrédulo, e disse: "Você sabe que eu estou *morrendo*!". "Sim, eu sei, mas não hoje." Assistimos a *Os Caçadores da Arca Perdida* e ambos adoramos o filme. Depois, jantamos no Pacific Café, seu restaurante favorito. No dia seguinte ele contraiu pneumonia e precisou ser hospitalizado. Algumas semanas depois ele morreu.

3

Obstáculos à Visão Clara

Larry King e o Swami

•

Este é provavelmente um sinal dos tempos, mas consegui parte de minhas informações espirituais nos programas de entrevistas da televisão. Lembro-me de ter visto Larry King entrevistando um *swami* de uma tradição hindu. Não me lembro exatamente o que o entrevistado disse, mas lembro-me de que seu aspecto era calmo e tranqüilo. Embora os telefonemas dos ouvintes fossem freqüentemente hostis ou, na melhor das hipóteses, céticos, o *swami* se manteve sereno e satisfeito, respondendo a cada pergunta com lucidez, precisão e, mesmo, com discreto bom humor. Larry King é um entrevistador conhecido pelo seu estilo direto e pelas suas perguntas incisivas. A certa altura, King inclinou-se sobre sua mesa e olhou dentro dos imperturbáveis olhos do *swami*. Então perguntou: "Como o senhor conseguiu se manter tão calmo?" O *swami* respondeu: "As coisas *são* calmas aqui dentro. Nós é que as perturbamos demais."

Eis aqui um teste que você pode fazer na privacidade da sua casa, para provar o quanto a maneira de ver do *swami* estava correta. Escolha um momento em que você esteja sozinho, tranqüilo, gozando de boa saúde ou, pelo menos, não sentindo nenhuma dor. Certifique-se de não estar com fome nem com sono. Sente-se numa poltrona na qual você se sinta confortável. Desfrute essa sensação de conforto. Você pode fechar os olhos, se quiser, ou pode mantê-los abertos, olhando em torno e apreciando o que vê. Desfrute o prazer de sentir-se confortável. Não faça nada além disso. Passe pelo menos quinze minutos desfrutando esse prazer antes de passar para a próxima página. Em seguida, vire a página.

- Você se sentiu bem durante esses quinze minutos?
- Você simplesmente se sentou e desfrutou a sensação de estar tranqüilo e confortável?
- Quanto tempo se passou até que surgissem pensamentos que perturbaram o seu bem-estar?
- Que espécie de pensamentos eram esses?
- Você desejou alguma coisa?
- Você pensou consigo mesmo: "Eu gostaria de ter escolhido uma poltrona mais confortável para me sentar; essa não é a melhor poltrona que tenho. Da próxima vez vou sentar-me numa poltrona mais confortável"?
- Você teve pensamentos que o deixaram irritado? Pensou consigo mesmo: "Droga, meu vizinho está cortando a grama. Eu poderia estar sentado aqui tranqüilo e feliz, desfrutando os meus quinze minutos de silêncio, se não fosse esse som irritante"?
- Você começou a se sentir incomodado e pensou: "Hum, ficar sentado quieto não é tão agradável quanto pensei. Talvez eu devesse dar uma caminhada em volta do quarteirão"? Ou "Esqueci de ligar para Suzie em resposta ao seu telefonema: eu deveria ter telefonado antes de me sentar, e agora estou preocupado com o que ela poderá estar pensando de mim. E se ela não quiser mais ser minha amiga porque sempre demoro para responder às suas ligações?"?
- Você começou a pegar no sono? Pensou consigo mesmo: "Isso é tão chato! Pode ser bom para os *swamis* da Índia, mas se é isso o que os praticantes de meditação fazem, acho que não nasci para meditar. Talvez eu tire um cochilo durante o resto dos quinze minutos"?
- Você pensou: "Que exercício idiota. O que isso tem que ver com a conquista da iluminação? Sei que cometi um erro ao comprar este livro. Sempre estou fazendo coisas como esta – tomando decisões ridículas e impulsivas"?

Você teve pensamentos parecidos com os exemplificados acima? Alguns deles? *Todos* eles?

Basicamente, o *swami* está certo: as coisas *são* calmas dentro de nós, até serem perturbadas. Mas não há intenção nem razão para perturbá-las. Não pretendemos complicar a vida para nós mesmos. Não se trata de mau comportamento da nossa mente; a mente das outras pessoas não é mais tranqüila do que a nossa. Faz parte da natureza da mente ser agitada por energias conflitantes, como ventos que sopram em todas as direções encrespando a superfície de uma lagoa cristalina e turvando suas águas. Praticar meditação não significa acabar com as pequenas ondulações. Os mestres consumados provavelmente conseguem enxergar através das ondulações o tempo todo. Aqueles que buscam a iluminação e estão num nível apenas regular, como eu mesma, devem dar-se realmente por felizes se puderem lembrar-se de que elas são apenas ondulações e que existe um outro lado.

Um Curso de Meditação em Albuquerque

•

Vivemos inventando histórias e repetindo-as para nós mesmos vezes sem conta. Confundimos e atemorizamos a nós mesmos, esquecendo-nos de que o desânimo e o medo sempre estão relacionados com o que *poderia ter sido* ou o que *ainda poderia ser*, mas que não está acontecendo *agora*. Também nos esquecemos de que o que está acontecendo agora não vai acontecer por muito tempo.

Há alguns anos eu estava dando um curso de meditação em Albuquerque, numa sala com uma enorme janela. Do lugar onde me sentava, eu podia ver um grande platô, que se estendia até as lindas montanhas Sangre de Cristo, vistas a distância. Ocorreu-me que o tempo lá fora, no platô, parecia sofrer muitas mudanças entre o início e o final de um período de meditação. Quando eu fechava os olhos, era possível que o Sol estivesse brilhando e, quando eu os abria novamente, 45 minutos depois, uma tempestade de neve podia estar açoitando o nosso prédio. Se eu fechasse os olhos em meio à nevasca, eu podia abri-los e descobrir que estava chovendo. E então, dentro do que me parecia um período muito curto, o Sol voltava a brilhar, porém acompanhado de ventos fortes que assobiavam ao redor do prédio. De repente, o vento parava, um crepúsculo rosado cobria as montanhas e o platô, enquanto caía uma neve brilhante e silenciosa.

Eu pensava comigo mesma: "O tempo é como a nossa mente." Olhava para o grupo composto por 25 praticantes de meditação, sentados ao meu redor, com o corpo imóvel e a face serena. E, como eu conhecia um pouco cada um deles e conhecia bem a mim mesma, sabia que estava vendo apenas metade do quadro.

Eu criava a seguinte historinha. Imaginava cinco pessoas sentadas, praticando meditação, enroladas em cobertores e xales, com os olhos fechados e os rostos serenos, que só podiam ser diferenciadas umas das outras pelo tamanho e pela forma. Todas elas tinham a mesma expressão facial. E, acima de cada uma dessas pessoas, eu colocava um grande balão de história em quadrinhos, com uma figura dentro dele, e pequenas bolinhas que desciam até a pessoa abaixo delas, de modo que se sabia que o conteúdo desse balão representava os pensamentos dela. Eu imaginava um balão cheio de *sundaes* e *pizzas*. Ou uma praia do Havaí com palmeiras balançando ao vento. Ou uma tórrida cena de sexo (embora eu nem soubesse como desenhar isso!). Em outro balão aparecia a cena de uma guerra, ou de pessoas lutando, ou estava cheio de sinais expletivos de datilografia #&*@#$%, para indicar que a pessoa estava dizendo palavras impublicáveis. Outro balão seria escuro e nebuloso. Outro poderia ter trovões e relâmpagos ou, talvez, um vulcão em erupção. E outro poderia ter uma pessoa confusa, encolhendo os ombros e com as palmas das mãos abertas e voltadas para cima, como se dissesse: "Eu não *sei*." Talvez o balão em que estivesse escrito "Eu não sei" pudesse ter um fundo cheio de pontos de interrogação. Então, resolvia incluir na história uma sexta pessoa, sentada sob um balão totalmente vazio.

Não estou querendo dizer com isso que a pessoa cujo balão está vazio é um sujeito de sorte. Na verdade, eu imaginava que pudesse escrever um livro inteiro em que todas as páginas tivessem esse mesmo desenho. Essas mesmas pessoas estariam enroladas em cobertores e seus rostos nunca mudariam de expressão. Apenas o conteúdo de cada balão iria mudar. Isso seria a contrapartida mental do jogo em que certo número de pessoas se senta num número menor de cadeiras quando a música é interrompida. Em vez de serem as mesmas pessoas sentadas em cadeiras diferentes, seriam as mesmas pessoas passando por estados mentais diferentes, pois *isso* é o que realmente acontece. Os estados mentais vêm e vão. Mesmo a mente tranqüila passa por diversos estados.

Todo ser humano está sujeito a essas tempestades previsíveis da mente humana, cada uma carregada de uma energia diferente. Esses estados mentais refletem o fluxo e refluxo natural de energia e a reação normal da mente a situações agradáveis ou desagradáveis. Elas não precisam ser assustadoras ou particularmente perturbadoras. Se estivéssemos nos mudando para outro planeta, seria bom se alguém nos desse alguma indicação a respeito do tipo de tempestade que eles têm por lá, para que pudéssemos estar preparados. A vida das pessoas deste nosso planeta também fica mais fácil quando elas sabem como lidar com todas as contingências do clima.

O Limitado Menu dos Estados Mentais Conturbados

•

Nos textos budistas tradicionais, as cinco energias da Luxúria, da Aversão, da Apatia, da Impaciência e da Dúvida são chamadas de "Obstáculos Mentais". Elas são chamadas assim porque obscurecem a visão clara, da mesma forma que a tempestade de areia no deserto ou o nevoeiro numa rodovia podem fazer com que os viajantes se percam. Elas tornam remota a possibilidade de nos ligarmos novamente ao eu tranqüilo, que é a nossa natureza essencial. Elas nos confundem. Achamos que são reais. Esquecemos que a nossa verdadeira natureza não é a tempestade passageira. A tempestade passageira é a tempestade passageira. A nossa essência continua sendo a nossa essência o tempo todo.

Cinco diferentes energias parecem constituir um menu um tanto limitado, mas elas se apresentam numa variedade de disfarces. *Sundaes* são diferentes de *pizzas*, que são diferentes de sexo, mas todos são, basicamente, objetos do desejo da luxúria. A mesma energia da Aversão alimenta o nosso aborrecimento com o vizinho por ele ouvir rádio num volume muito alto, e o nosso aborrecimento com o presidente, por não governar o país a contento. Mente mal-humorada é mente mal-humorada; mente sonolenta é mente sonolenta; mente inquieta é mente inquieta; mente hesitante é mente hesitante.

O fato de a natureza da mente favorecer o surgimento e o desaparecimento de tempestades não é um problema. Viver num lugar onde as mudanças no tempo são freqüentes não é um problema. Isso exige, de fato, o uso de roupas apropriadas para enfrentar os diferentes desafios climáticos e bom senso de permanecer em casa quando o tempo piora. Para manter o moral elevado, também é bom lembrar-se de que o tempo vai mudar. Nossos estados mentais mais difíceis só se transformam num problema se acreditarmos que eles vão durar para sempre. Então, por serem energias negativas, eles começam a assustar-nos.

Temos dois tipos de medo. Um deles é o receio de que o que quer que esteja acontecendo continue para sempre. Isso simplesmente não é verdade – nada dura para sempre. O outro é o receio de que, mesmo se não durar para sempre, a dor produzida pelo que quer que esteja acontecendo seja tão terrível que não conseguiremos suportá-la. Há uma verdade profunda nesse medo. Seria ridículo fingir que na nossa vida, neste corpo físico, que pode doer muito, e nos nossos relacionamentos, que também podem nos causar grande dor, não ocorrem algumas situações muito difíceis. Mesmo assim, acho que subestimamos a nós mesmos. Por mais terríveis que sejam algumas situações, acho que poderemos suportá-las.

Visto que ficamos assustados logo que um estado mental negativo se instaura na nossa mente, começamos a lutar contra ele. Tentamos modificá-lo ou nos livrar dele. O frenesi da luta torna esse estado mental ainda mais desagradável.

A imagem familiar é uma personagem de quadrinhos infantis, como Daffy Duck, caminhando livremente e, de repente, pisando em uma bala puxa-puxa. Numa tentativa apressada e desastrada de se libertar, ele pode cair para a frente e para trás e acabar totalmente grudado na tal guloseima. Até mesmo as crianças conseguem ver uma solução melhor.

A melhor solução seria se dar conta do problema, sem alarde. "Isto é uma bala puxa-puxa. Eu não vi quando pisei nisso, mas percebi o que era depois de ficar grudado. É *só* uma bala puxa-puxa. O mundo não é feito só de puxa-puxa. Qual seria a melhor coisa a fazer agora?"

Sopa com Garfo

•

Criamos grandes problemas para nós mesmos por não reconhecermos as energias mentais quando elas chegam disfarçadas na forma de histórias. Elas são como as crianças do vizinho fantasiadas de fantasma no Dia das Bruxas. Quando abrimos a porta e deparamos com a criança da casa ao lado envolta num lençol, mesmo que ela pareça um fantasma, sabemos que se trata simplesmente da criança da casa vizinha. E quando me lembro de que os dramas da minha vida são as energias mentais envolvidas no lençol de uma história, consigo lidar com eles de forma mais tranqüila.

Eis aqui um exercício para mostrar que é o estado mental, e não o acontecimento em si, que determina a nossa experiência:

Primeiro Cenário

> Você se envolveu num relacionamento que, com o tempo, se deteriorou. Desapontados porque o relacionamento não deu certo, você e seu parceiro estão desanimados e com raiva porque um não correspondeu às expectativas do outro. Vocês se encontraram uma última vez para tentar resolver a situação. Vão à praia para fugir de tudo isso e, à medida que o dia vai passando, cada um de vocês traz à memória aspectos cada vez mais dolorosos em que o relacionamento fracassou. Vocês se sentem exaustos e zangados. Na volta para a cidade, como ambos estão com fome, vocês param num restaurante para jantar. O seu parceiro toma a sopa com um garfo. Você pensa consigo mesma: "Isso é ainda pior do que eu pensava! Esse idiota toma a sopa com um garfo!"

SEGUNDO CENÁRIO

Você está totalmente apaixonado. A outra pessoa o ama com igual ardor. Vocês vão passar o dia na praia. Deitam-se ao sol, lêem Rilke, brincam nas ondas e fazem amor. Na viagem de volta para casa, ambos estão com fome e param num restaurante. Seu parceiro toma a sopa com garfo. Você pensa consigo mesmo: "Que idéia legal! Tomar sopa com garfo!"

Acho que é isso o que as pessoas querem dizer quando afirmam: "Nós criamos a nossa própria realidade." Eu costumava ter problemas com essa idéia quando, nos anos 70, ouvi falar sobre ela pela primeira vez. Por mais que eu tente, não consigo criar a realidade do Sol nascendo amanhã no oeste, e não posso criar a realidade em que pessoas que sei que estão doentes se curam milagrosamente. Mas uma realidade eu posso criar – o ponto de vista a partir do qual eu encaro qualquer experiência.

A Luxúria

•

A energia da luxúria encabeça tradicionalmente a lista das energias mentais perturbadoras. Trata-se de uma energia desafiadora, e é interessante começar com ela porque a própria palavra [em inglês, *lust*], passou a ter conotações um tanto lascivas. Quando as pessoas dizem que estão desejando ardentemente alguma coisa [em inglês, *to lust*], não pensamos imediatamente que elas estejam se referindo a um sorvete ou a uma *pizza*.

A luxúria nos causa embaraços. Certa vez, perguntei a meus alunos de um curso sobre energias mentais difíceis se eles poderiam dizer o tipo de energia que mais causou problemas na vida de cada um. Enquanto andávamos pela sala, conversando sobre o assunto, a maioria das pessoas elegia a raiva ou a aversão como os estados mentais mais perturbadores. Eles não pareciam ter dificuldade em admitir isso, e os outros estudantes não deram a impressão de ficar surpresos nem perturbados ao ouvir as respostas. Por fim, um homem disse: "Bem, acho que a luxúria tem sido a causa da maioria dos meus problemas." Embora eu achasse que ninguém havia se mexido, pareceu-me haver um retraimento palpável. Risadas nervosas pipocaram por toda a sala. Subitamente, essas pessoas de maneiras delicadas, talentosas e profissionalmente respeitáveis tinham ficado constrangidas.

Muito embora os textos tradicionais falem a respeito da luxúria em termos de energias sensuais, acho que faz mais sentido para nós encará-la como a energia do desejo por alguma coisa. Trata-se de uma energia relacionada com o sentimento de que não poderemos ser felizes se não tivermos determinada coisa. Trata-se de uma sensação de necessidade na mente. Você já teve essa sensação? Você se levanta e olha para a geladeira e, enquanto está de pé, diante da porta aberta da geladeira, você não sabe o que quer mas tem a sensação de que quer *alguma coisa*. Essa é a mesma energia que nos faz ligar a televisão e usar o controle remoto para passar por todos os canais, apenas para o caso de estar passando alguma coisa interessante, num outro canal.

Mente necessitada é apenas mente necessitada, e pode existir independentemente de qualquer necessidade biológica. Há alguns anos, quando minha neta Leah tinha dois anos de idade, o irmãozinho dela nasceu. A outra avó dela e eu ficamos com Leah na noite em que sua mãe estava no hospital. Cuidamos dela com *extraordinária* atenção. Ela conhecia bem a nós duas e Noemi e eu nos dedicamos totalmente ao seu bem-estar. Não obstante, no decorrer da noite, tornou-se claro que Leah sentiu a falta da mãe. Ela dizia: "Quero suco", e nós lhe levávamos o suco. Depois ela dizia: "Quero um biscoito", e nós lhe levávamos biscoito. Depois de algum tempo, ela poderia dizer: "Agora eu quero um livro" e, mais tarde, "Quero um quebra-cabeça, quero uma boneca, uma maçã". A certa altura, Noemi e eu olhamos uma para a outra e percebemos que Leah estava simplesmente *precisando* de alguma coisa. Noemi disse: "*Le falta algo*" (ela está sentindo falta de alguma coisa). Leah estava sentindo a energia da falta de alguma coisa, mas não sabia o que era. Além do mais, ela não saberia dizer: "Sinto a energia da necessidade e do desejo, mas não sei do que preciso."

Às vezes, a mente necessitada surge em resposta à falta de alguma coisa, tal como aconteceu no caso de Leah; às vezes, ela surge inesperadamente. Mas ela não surge do nada; em geral, ela é uma resposta ao contato com algo agradável. Você já passou perto de uma padaria e sentiu o aroma característico que provém de lá? Antes de sentir esse cheiro você não estava com fome. De repente, aparece uma enorme vontade de comer. Não se trata de um capricho da mente; é assim que ela trabalha. Em contato com experiências agradáveis, surge o desejo: Realizar um desejo não é necessariamente ruim; às vezes, os desejos são saudáveis, especialmente os que surgem pelos sentidos. Seria ridículo esperar que, todas as vezes que ficássemos com fome, disséssemos: "Isso é apenas o desejo se manifestando", e não fizéssemos nada a respeito. Ignorar os desejos sexuais – em vez de fazer escolhas sábias e conscientes – também não funciona muito bem. O desejo dos sentidos é uma das energias periódicas que preenchem a mente e prendem a nossa atenção. Fazer escolhas saudáveis no que diz respeito aos desejos dos sentidos faz parte da vida social.

Alguns desejos são mais complicados do que as necessidades biológicas de alimento e sexo. São esses os desejos de ter experiências agradáveis. Eu gosto de ler a revista *Smithsonian*. Um exemplar chega em minha casa todo mês e a contracapa de cada edição contém anúncios de viagens improváveis para lugares longínquos. De repente, eu poderia considerar seriamente a possibilidade de fazer uma viagem de 17 dias para o Pólo Norte. Cinco minutos antes de ler esse anúncio eu não pensava em fazer nenhum tipo de viagem. E mais: em toda a minha vida, até esse momento, eu nunca sentira vontade de conhecer o Pólo Norte; e, no entanto, subitamente, eis aqui um anúncio tão bem escrito, que estou examinando seriamente o custo do passeio e verificando se posso mudar as datas dos meus compromissos de modo a poder embarcar nessa viagem.

Catálogos e folhetos que chegam pelo correio também podem despertar a energia da luxúria. Todos os dias, recebo catálogos que me oferecem coisas nas quais não estou particularmente interessada. As capas são tão sedutoras, que em geral resolvo ao menos folheá-los. Ao passar os olhos pelo catálogo, inevitavelmente eu vejo alguma coisa tão singular, que começo a considerar a possibilidade de precisar dela. Ou, então, posso concluir que, embora eu pessoalmente não precise disso, trata-se de um presente perfeito para dar a alguém que conheço. Mesmo se não for aniversário da pessoa, começo a pensar em quando vai ser seu aniversário ou resolvo que poderia guardá-lo para presentear a pessoa em alguma data especial. Tudo isso faz sentido, porque a mente trabalha de forma tal que, ao entrarmos em contato com experiências agradáveis, sentimos uma espécie de influência, uma energia do desejo, e a mente se volta para experiências sensoriais agradáveis.

Mesmo quando não estamos às voltas com experiências particularmente agradáveis, a mente é perfeitamente capaz de recordar-se de experiências agradáveis e, então, desejá-las novamente. É inacreditável para mim o quanto a nossa mente pode desejar, mesmo se estivermos no interior de um mosteiro. Tenho passado muito tempo em mosteiros, praticando meditação. A alimentação é frugal e as circunstâncias não possibilitam a prática de muitas atividades diferentes. Apesar disso, desenhei guarda-roupas inteiros de trajes mais confortáveis, que eu poderia trazer no próximo retiro numa hipotética ocasião futura. Imaginei-me tricotando um xale mais quente; vi-me comprando um banco ou uma almofada que fossem mais confortáveis do que os que eu estava usando. Muito embora fosse menor a variedade de coisas a partir das quais eu poderia engendrar desejos, minha mente trabalhou ativamente nisso. Imagino que a minha experiência seria muito mais ampla se houvesse um cereal diferente no café da manhã ou uma outra marca de chá. Dependendo do quanto eu estivesse satisfeita com o resultado da minha meditação, eu poderia me ver pensando, logo depois do almoço, em qual seria o cardápio da próxima refeição. Eu não acho que a minha mente tenha apresentado um comportamento pior do que o da mente de qualquer outra pessoa; faz parte da natureza da mente examinar o horizonte em busca de experiências agradáveis e, então, demorar-se nela. Isso faz parte do nosso condicionamento.

Às vezes, a energia do desejo, contida na mente, faz com que nos apaixonemos subitamente. Quando a mente e o corpo estão repletos da energia da luxúria, as pessoas nos parecem mais atraentes. Começamos a criar fantasias românticas ou eróticas a respeito das pessoas com base, não no que elas de fato são, mas naquilo que sentimos com relação a elas. Esse é um fenômeno particularmente complicado. Ocorre muitas vezes nos retiros de meditação, quando as pessoas fazem voto de silêncio e, portanto, não têm como verificar com a outra pessoa se existe compatibilidade entre elas. As pessoas se sentem estimuladas, física e mentalmente, e, de repente, de forma bastante dramática, sentem-se como se estivessem apaixonadas por alguém que não conhecem, com base no modo como essa pessoa anda ao entrar na sala de meditação ou em suas maneiras à mesa de refeições. Eu mesma fiquei apaixonada pelas pessoas mais improváveis apenas porque elas entravam no meu campo visual em momentos em que eu estava me sentindo particularmente bem e repleta com a deliciosa energia da luxúria. Fantasiei cenários em que eu fugia com diversas dessas pessoas. A coisa toda era ridícula, pois eu era uma mulher casada, sem nenhuma intenção de envolver-me com alguém. Ademais, eu geralmente sabia algo a respeito das pessoas pelas quais me apaixonava, e elas em geral também estavam comprometidas. Tudo aquilo era um exercício de futilidade. Não obstante, a mente de repente torna-se mais sensível e conclui que aquele era o relacionamento ideal, que aquela era a alma gêmea de que eu sempre precisei. É espantoso como a mente pode inventar toda uma história a partir da simples energia física e mental.

A energia da luxúria surge, nós olhamos em torno e dizemos: "Puxa, é isso o que eu quero." Isso não chega a ser realmente um problema – é até engraçado. A coisa toda só se transforma num problema se deixamos de notá-la, se a levamos a sério.

Nada disso significa que não devamos nos apaixonar. Apaixonar-se é maravilhoso. Isso provavelmente significa que, quando nos apaixonamos, devemos esperar um pouco para certificar-nos de que a pessoa por quem nos apaixonamos não é simplesmente um ser imaginário criado a partir dos nossos próprios desejos.

É provável que o ensinamento budista sobre a luxúria seja o equivalente do mito, originário do leste europeu, segundo o qual, se você engolir um coração de frango inteiro, vai se apaixonar e passar o resto da vida com a próxima pessoa que você conhecer. Aparentemente, isso já aconteceu com muita gente. Depois de ter engolido um coração de frango, e já estando eroticamente excitados, a primeira pessoa que eles viam lhes parecia muito atraente. Praticar meditação significa cultivar um espaço na mente para refletir a respeito de como seria uma reação saudável e digna de confiança.

O antídoto para o obstáculo representado pela luxúria é a repressão. Nos dias de hoje, *comedimento* parece algo da época vitoriana. Sinto-me um tanto encabulada quando uso essa palavra porque acho que começo a falar como minha avó, para quem mesmo a simples pronúncia de certas palavras era um ato imoral. Mas *comedimento* é uma palavra incrível. Ela significa aguardar o suficiente para enxergar duas coisas.

A primeira coisa que a pessoa espera ver é se o objeto do desejo é ou não algo saudável, e se a realização do desejo seria algo apropriado, moralmente aceitável e que denota responsabilidade. A segunda coisa que a espera permite que façamos é averiguar se o desejo propriamente dito é apenas uma energia da mente. É a energia da mente que modela os nossos sentimentos e motiva o nosso comportamento, mas, se a reconhecermos como sendo apenas uma energia, compreendemos que ela não nos obriga a agir. Ela não é uma exigência e sim uma sugestão. Se o desejo for saudável e o momento apropriado, podemos realizá-lo. Se o desejo não for saudável e o momento inoportuno, devemos nos controlar e esperar até que a energia passe.

O Antídoto para a Luxúria: a Versão Budista de Sylvia sobre a Versão de Eve da História de Zalman

•

Esta é uma fábula que explica de que forma a rebelde energia mental da luxúria pode ser superada pela prática da meditação. Conforme costuma acontecer quando se conta uma história, esta fábula passou por várias mudanças à medida que cada pessoa a recontava. Não conheço sua origem, mas a ouvi de minha amiga Eve, que a ouviu do rabino Zalman Schachter-Shalomi, de modo que ela agora torna-se uma história budista com antecedentes hassídicos.

Era uma vez, antes de nós todos adquirirmos a sabedoria — numa terra em que ainda havia lindas princesas de coração adormecido, e homens comuns, de visão estreita — um jovem que se apaixonou por uma princesa de um reino distante. O desejo ardente que ele sentia por ela tomou conta da mente do rapaz. Ele estava convencido de que os dois iriam conhecer-se e casar-se. Ele imaginou os numerosos filhos que ela iria ter e dos quais ele seria o pai.

Certo dia, a princesa e seu séquito desfilavam pelas ruas num cortejo real, e o jovem, com sua visão limitada, ainda mais obscurecida pela luxúria, irrompeu através da multidão, lançou-se aos pés da princesa e exclamou: "Quando ficaremos juntos?" A princesa, com total desprezo, respondeu: "No cemitério!", querendo dizer "Nunca na vida, seu tolo!" O jovem levou a sério as palavras dela e seguiu diretamente para o cemitério onde a esperou.

Esperou, esperou, esperou, esquecido do tempo, com um único propósito e determinação.

E, enquanto esperava...

sua mente tornou-se tão perseverante, tão concentrada num só objetivo, que se encheu de êxtase e luz, dissipando toda aversão e peculiaridade, e ele amou a todas as pessoas, todos os seres, sem reservas. E as pessoas sentiam o seu amor e iam até ele receber suas bênçãos.

E, enquanto esperava...

ele conheceu a Morte. Na verdade, a Morte era a sua visita mais assídua, chegando em qualquer horário, trazendo todo tipo de pessoas, jovens e velhos, atraentes ou não, amados ou não amados. Com absoluta lucidez, o jovem despertou para a fugacidade da vida, para a marcha inexorável do tempo. Despertou para o sofrimento de seres que se agarravam eternamente aos fantasmas da experiência vazia. E tornou-se um sábio. E as pessoas notavam sua sabedoria e iam procurá-lo para receber as suas bênçãos.

Ao ouvir falar do sábio que era famoso pelas suas bênçãos, a princesa — já casada, mas sem filhos — foi até ele pedir que lhe fosse concedida a graça de ter uma criança. E o homem, com a ilimitada felicidade da liberdade, evocou a intercessão de todas as entidades que atendem a desejos, em todos os domínios, e ela tornou-se mãe de muitos filhos.

A Aversão

O oposto da luxúria é a aversão, a energia da raiva e da negatividade. A aversão não é nada agradável. O Buda referiu-se à raiva como um veneno da mente, como uma virulência que turva a mente. Ao contrário da mente impregnada de luxúria, que procura algo para satisfazer uma necessidade, a mente tomada pela aversão quer livrar-se de alguma coisa.

Às vezes, as pessoas acham que a raiva produz uma sensação agradável, pois é um tipo de energia muito estimulante. Uma pessoa cuja mente estava sonolenta ou entorpecida, sente-se subitamente desperta e cheia de vitalidade. A raiva às vezes nos faz sentir muito poderosos, especialmente quando a encaramos como resultado de uma justa indignação. Em última análise, porém, a raiva é apenas uma grande tempestade mental, que nos deixa cansados e confusos.

Uma das perguntas que ouço com mais freqüência é: "Como devo lidar com a minha raiva?" Quando as pessoas começam a suspeitar que estou prestes a sugerir que não é necessário expressar abertamente a raiva, elas, em geral, ficam nervosas e, de antemão, põem-se na defensiva. Acho que as pessoas receiam que, se deixarem de discutir e de lutar, elas não conseguirão comunicar-se com franqueza. Adoro ensinar às pessoas que, se você *transmitir* a mensagem sem raiva, você poderá dizer qualquer coisa que quiser, para qualquer pessoa do mundo, expondo o seu ponto de vista e fazendo-se ouvir. A mensagem poderia incluir o fato de que você está ou estava com raiva, mas não precisa *ser* uma demonstração dessa raiva:

Na *Vinaya*, a compilação das regras monásticas que faz parte das escrituras budistas, o Buda deu as seguintes orientações no que diz respeito à expressão da raiva:

Antes de admoestar alguém, a pessoa deve refletir...
Falarei no devido tempo e não fora de hora.
Falarei na verdade e não na falsidade.
Falarei para o bem da pessoa e não para causar-lhe dano.
Falarei com delicadeza e não com estupidez.
Falarei com bondade e não com raiva.

Há muitos anos mantenho na minha sala essas orientações, anotadas num pequeno cartão, que costumo mostrar aos casais que vêm me procurar por causa de problemas de relacionamento.

Aprecio muito a idéia contida na expressão "no devido tempo". Ela serve para lembrar às pessoas que elas não precisam expressar sua raiva imediatamente e que o fato de escolher um momento mais apropriado poderia, na realidade, fazer com que o outro se tornasse mais receptivo às suas mensagens. Falar "na verdade" significa, para mim, reservar algum tempo para refletir sobre aquilo que *realmente* nos aborrece, em vez de nos queixarmos de problemas superficiais, como geralmente acontece.

"Você *nunca* recoloca a tampa no tubo de pasta de dente" provavelmente não é uma afirmação verdadeira. É provável que "freqüentemente" seja mais verdadeiro do que "nunca", e é bem provável que o tubo de pasta de dente não seja a causa do problema. "Quando você não coloca a tampa de volta no tubo de pasta de dente, sinto que você não está preocupado com o meu bem-estar e isso me assusta" provavelmente está mais próximo da verdade.

"Com delicadeza" e "com bondade" e "para o bem da pessoa" significa reservar tempo para examinar as próprias intenções antes de se mostrar desanimado ou consternado. Significa nos certificarmos de que a nossa intenção é melhorar o relacionamento ou orientar com compaixão, em vez de magoar em retaliação por um dano sofrido.

Os casais às vezes pedem-me o cartão emprestado, para fazer uma cópia e colocá-la em lugares de destaque. Durante alguns anos, desejei que algum fabricante de papel de parede produzisse esse novo padrão, de modo que pudéssemos todos cobrir as paredes da nossa casa com os ensinamentos do Buda acerca da expressão da raiva.

Eu estava numa conferência, alguns anos atrás, quando alguém perguntou ao Dalai Lama: "O senhor algum dia já ficou zangado?" Ele respondeu: "É claro! Se acontece alguma coisa que me desagrada, se não é o que eu quero que aconteça, surge a raiva." Pelo tom de voz da resposta, ficou muito claro que, embora a raiva se manifeste, isso não chega a ser um grande problema. Pude entender que, quando a raiva aparece, a pessoa faz o que é preciso para resolver aquela determinada situação e a raiva se vai. É impossível para mim imaginar o Dalai Lama, que, a meu ver, é provavelmente a pessoa com a mente mais saudável do mundo, expressando seus sentimentos de raiva de maneira inábil.

Tomar consciência de uma repentina sensação de raiva é como ter um termômetro na mente. Quando vejo a temperatura subir, sei que acabou de acontecer alguma coisa triste ou assustadora. Quando posso, passo algum tempo analisando a causa do meu medo ou da tristeza, em vez de demonstrar uma reação de raiva. Quando compreendo a causa, tenho mais chances de conseguir lidar com isso habilmente, em vez de deixar-me confundir pela energia repulsiva da raiva.

A raiva muitas vezes é um grande problema para as pessoas que crescem em famílias em que a expressão declarada da raiva é fato no dia-a-dia. Elas tiveram oportunidades demais para exercitar a raiva e não perceberam que havia outras possibilidades. A fúria torna-se para elas a resposta habitual da mente diante de situações desagradáveis. Às vezes, as pessoas se queixam de que são vítimas de um "botão que aciona uma reação agressiva". Ou, pior, as pessoas crescem com um conceito ruim de si mesmas por causa do seu "pavio curto". As pessoas me dizem: "A raiva toma conta de mim." Fico triste quando ouço isso porque percebo que as pessoas identificaram-se com determinada energia mental, que talvez seja mesmo uma energia mental preponderante, como se ela fosse a sua essência permanente. Quando as pessoas começam a ver que a raiva, como qualquer outra energia mental, é apenas um fenômeno transitório e, portanto, controlável, elas ficam muito aliviadas. A imagem que elas têm de si mesmas melhora e elas já são capazes de pensar: "Isso não sou *eu*; é só o reflexo do meu calcanhar de Aquiles! Vou apenas mancar por algum tempo e depois vou recuperar o equilíbrio!"

Depois que passamos a encarar os bloqueios mentais como energias, conseguimos lidar com eles habilmente. Podemos reconhecê-los, compreendê-los, podemos tomar decisões ponderadas a respeito deles e agir inteligentemente com relação a eles. Deixando de nos sentir "atacados" por eles. Quando sou dominada por uma energia mental, sinto como se uma gigantesca mão tivesse saído do nada, agarrando a minha mente e sacudindo-a sem piedade. Agora, mesmo quando passo por estados mentais difíceis, que não consigo controlar, sei que eles se originam na minha própria mente e que nada acontece externamente. Mesmo quando um acontecimento evidentemente externo tiver gerado a reação de medo ou tristeza que se manifestou como raiva, sei que foi basicamente a minha estrutura mental que moldou essa reação.

Às vezes, a mente parece entristecida, assustada ou irada sem que nenhum acontecimento externo possa ser apontado como um precursor; às vezes, a raiva parece surgir de forma espontânea. Às vezes, começamos o dia e a mente sente como se tivesse saído da cama com o pé esquerdo. Ela está de mau humor, procurando briga. Há uma *causa*, naturalmente, pois tudo é condicionado, mas isso não precisa ser um acontecimento exterior. Pode ser que tenhamos tido um pesadelo. Talvez não tenhamos dormido o suficiente. Talvez tenha ocorrido uma mudança hormonal no corpo ou, quem sabe, a responsável seja a fase da Lua. A química do nosso corpo pode ser responsável pelo maior ou menor grau de irritabilidade das energias da mente.

Como o mau humor que parece surgir do nada é inexplicável, acho que olhamos à nossa volta e procuramos algo contra o que nos irritarmos, alguma circunstância externa contra a qual sentir antipatia, para descarregarmos essa energia. Mesmo nos retiros de meditação, onde as pessoas não se conhecem, formas complexas de vingança são tracejadas contra pessoas totalmente desconhecidas por causa de um mau humor transitório. De repente, uma determinada pessoa torna-se o repositório da irritabilidade pessoal e interior de outra porque esta caminhou ruidosamente ou tossiu na sala de meditação. Essa pessoa, então, tornou-se alguém de quem você definitivamente não gosta, e cada gesto dela, desse momento em diante, proporciona-lhe a possibilidade de contar a si mesmo uma longa história justificando os seus sentimentos negativos.

Seria ridículo sugerir que, como os sentimentos negativos são transitórios, eles deveriam ser ignorados. Mesmo se, talvez *especialmente* se, eles forem a nossa resposta a mudanças químicas internas ou aos caprichos do humor, precisamos estar atentos à sua presença. De outra maneira, poderíamos acreditar na interpretação que eles nos apresentam acerca dos acontecimentos à nossa volta, o que poderia levar-nos a um comportamento inadequado. Precisamos nos lembrar de que, qualquer que seja o humor que apresentemos, ele está servindo de base para a nossa experiência.

Por outro lado, se a raiva se manifestar na mente em resposta a um acontecimento exterior, vale a pena atentar para o aspecto triste ou assustador desse acontecimento e, então, tomar as providências necessárias para lidar com a tristeza ou com o medo. Saber que a negatividade ou aversão é uma energia passageira não significa que deva ser ignorada. Significa, isto sim, percebê-la claramente, sempre, e atuar sobre ela com sensatez.

"Mas é o Meu *Banquinho!"*

•

Há muitos anos, fiz algumas semanas de prática intensiva de meditação num retiro. Naquela época, eu não apenas usava uma almofada para me sentar, mas também mantinha um banquinho por perto para que pudesse usá-lo, caso me cansasse da almofada. Eu tinha muito receio de que o meu corpo doesse, e sentia necessidade de ter à minha disposição todo tipo de recurso — também me sentava junto à parede da sala de meditação, de modo que pudesse encostar-me se isso fosse necessário.

Certa tarde, eu estava sentada relaxadamente no meu lugar, perto da parede dos fundos, sobre a almofada e com o meu banquinho ao lado. De repente, ouvi algo se movendo perto de mim. Abri um pouquinho os olhos e vi a mão de uma pessoa pegar o meu banquinho e levá-lo embora. Então, vi a pessoa colocá-lo no chão, a alguma distância de mim, e sentar-se nele. Tratava-se de um recém-chegado que eu ainda não havia visto no retiro.

Um "vulcão" de cólera entrou em erupção na minha mente. E era uma cólera muito "justificada". Ele estava com o *meu* banquinho! Naquele momento, não importava que eu tivesse uma almofada e que o meu corpo estivesse bastante confortável. Também não importava que houvesse bancos e almofadas extras à disposição de quem quisesse solicitá-los a um dos coordenadores do retiro. Aquela pessoa estava sentada no *meu* banquinho. Passei muitas horas em completa agitação tecendo mentalmente comentários de recriminação, dirigidos à pessoa que havia levado o meu banco. Eu nunca cheguei a dizer nada a ela, mas minha mente imaginava, com implacável disposição, todos os comentários que eu poderia fazer. Eles variavam desde um tom friamente cordial, passando pelo moderadamente sarcástico e chegando ao de franca hostilidade. Todos os dias o mesmo homem se sentava no meu banquinho, como se isso fosse a coisa mais natural do mundo. Minha raiva aumentava cada vez que eu entrava na sala de meditação.

À medida que os dias foram passando e o banco não dava sinal de retornar, uma nova preocupação — a de que aquela pessoa pudesse levar o meu banquinho para casa — contribuiu para aumentar ainda mais a minha raiva. Comecei a antipatizar com tudo o que dizia respeito àquele homem. Eu não gostava do modo como ele caminhava, do jeito como se sentava e da maneira como ele comia. Um dia, logo depois do almoço, ocasião em que eu não gostara do modo como ele havia lavado os pratos, voltei à sala de meditação para mais algumas horas de prática e encontrei o meu banquinho no lugar em que estava originalmente, bem ao meu lado. A pessoa que o tinha usado se fora. Ao que parece, ele chegara ao retiro tarde e saíra cedo. De repente, a minha mente desanuviou-se. Foi como se eu tivesse sido tomada por uma tempestade interior durante cinco dias e agora a tranqüilidade subitamente tivesse voltado.

Eu *vivera* uma tempestade durante cinco dias. Percebi que tinha passado todo o tempo me preocupando com o paradeiro de um banco do qual eu não precisava. A experiência toda pareceu-me bizarra. Eu tinha desperdiçado uma quantidade enorme de energia. Não podia acreditar. Pensei comigo mesma: "Foi isso que eu fiz a minha vida inteira?"

Preguiça e Apatia

•

Tenho uma amiga que viaja o mundo inteiro ministrando cursos de prática budista em retiros de meditação intensiva. Os amigos dela sabem, porque ela mesma lhes conta, que o seu maior obstáculo é a preguiça e a apatia. Quando o telefone toca e a voz de alguém diz: "Eu gostaria de convidá-la para dar um curso de meditação em Paris" (ou em algum outro lugar distante), sua voz interior responde: "Ah, não! Tão longe! Que viagem longa!" e a sua resposta em voz alta geralmente é: "Claro que irei!" Ela sabe que a resposta interior partiu da mente, que vê todas as propostas, por mais tentadoras que possam parecer para as outras pessoas, como sendo uma obrigação profissional. Ela sabe que adora ensinar e que é uma excelente professora, e a coisa mais sensata que ela pode fazer é dominar o seu impulso com uma atitude mais ponderada e inteligente.

Preguiça e apatia são palavras que dão a impressão de ter um significado negativo. Há uma aura de imoralidade em torno delas. Eu acredito que, para a mente ocidental, elas soam como opções que podemos ou não escolher. Por exemplo: mentir ou dizer a verdade são escolhas que podemos fazer; elas não são qualidades inerentes à mente. Preguiça e apatia, quando consideradas no contexto das cinco energias mentais que nos causam problemas, descrevem um estado mental de baixa energia. Como as energias da mente estão sempre se modificando e flutuando, os estados mentais de baixa energia fazem parte das experiências de cada um de nós. Algumas pessoas, por alguma razão desconhecida, costumam passar por estados de baixa energia mental. Isso não significa que elas sejam preguiçosas. Poderia significar, como é o caso da minha amiga, que elas precisam estar sempre atentas para perceber a presença desses estados mentais e considerá-los uma influência transitória. Dessa forma, esses estados não influenciarão inconscientemente as escolhas que elas fazem.

Às vezes, as pessoas cuja mente se acha em estado de dormência e apatia dão a impressão de serem grandes meditadores. Elas conseguem sentar-se durante horas em suas almofadas aparentando total concentração. O mais provável é que estejam dormindo ou, pelo menos, num estado de dormência parcial. A capacidade de ficar sentado durante muito tempo não é um sinal de desenvolvimento espiritual. O aluno de um famoso professor de meditação, Thai, perguntou-lhe quanto tempo uma pessoa deveria ficar sentada a cada dia, meditando. Ele respondeu: "O tempo que você passa sentado não importa. Já vi galinhas se sentarem em seus ninhos por dias seguidos, e elas não conquistaram a iluminação."

Sentar não é meditar. Sentar é sentar. Sentar com a mente serena, com a atenção alerta e com a faculdade de investigação receptiva ao despertar do entendimento — *isso* é meditação.

Os praticantes de meditação que costumam passar por estados mentais de preguiça e apatia não precisam abandonar a meditação. Ao reconhecer que seus estados mentais são apenas uma experiência transitória, eles podem fazer todos os tipos de coisas que exigem habilidade enquanto esperam que eles passem. Podem abrir os olhos, respirar fundo e sentar-se com a coluna ereta. Podem fazer a meditação enquanto caminham, em vez de fazê-la sentados. Mais importante, eles não podem identificar-se com o estado mental como se este fosse, de alguma maneira, um reflexo deles ou de seu caráter. Eles não são preguiçosos; são pessoas para quem os estados mentais de baixa energia são uma experiência corriqueira.

Se considerarmos a mente como um giroscópio, cujo movimento tende a entrar num estado de equilíbrio e equanimidade, mas é alterado constantemente pelo que se passa ao seu redor, faz sentido a existência de períodos de maior ou de menor energia. Trata-se de mudanças naturais da mente em seu caminho rumo a um estado de equilíbrio cada vez maior.

A Inquietação

•

Se a aversão é a mente procurando briga e a apatia é a mente pegando no sono, inquietação é a mente esquadrinhando o horizonte em busca da próxima catástrofe. Em termos de energia, ela é o antípoda da apatia. Apatia é mente de baixa energia, enquanto inquietação é mente de alta energia.

Às vezes, a inquietação se manifesta como um corpo irrequieto, mas isso só se torna um problema em sessões de meditação nas quais o protocolo requer que a pessoa se sente em silêncio para não perturbar os outros. O maior problema é a mente inquieta, a mente incapaz de permanecer serena. É como se a mente com excesso de energia olhasse em torno à procura de fontes potenciais de preocupação. Pessoas cujo maior obstáculo é a inquietação costumam ser agitadas e, embora muitas vezes se sintam embaraçadas em admiti-lo ("Preocupar-se com coisas que você não pode mudar é uma coisa muito *boba*") a inquietação é um hábito mental particularmente difícil de mudar.

Sei mais sobre inquietação do que a respeito de qualquer outro obstáculo, porque esse é o meu maior obstáculo. Minha mente tem a capacidade e a tendência de tomar dados essencialmente neutros e transformá-los em preocupação.

Cenário

Estou na esquina de uma rua num país estrangeiro, onde eu e meu marido combinamos nos encontrar às cinco horas. Faltam dois minutos para a hora aprazada. Passam pela minha cabeça o seguinte pensamento: "E se ele não chegar nos próximos dois minutos? Isso certamente significa que ele foi espancado ou, até mesmo, morto! Ou que está sendo mantido como refém em algum lugar. Ou que teve um ataque cardíaco! Eu me pergunto onde fica a embaixada dos Estados Unidos. Se ele não chegar, vou para a embaixada..." Esse pensamento dura três segundos, tempo suficiente para a adrenalina inundar o meu corpo, para o meu coração começar a bater rapidamente e eu começar a suar. A descarga de adrenalina acentua a preocupação, e mais preocupações aparecem: "Quem eu conheço neste país? Como posso telefonar para os nossos filhos?" Às cinco horas ele chega. Estou aliviada e cansada.

Na mente de uma pessoa dada a inquietações, esse tipo de história é bastante comum. Mudam apenas os nomes dos lugares e as personagens, para se adequarem a uma determinada situação. Permanece constante a sensação de uma mente inquieta, em busca de matéria-prima para escrever uma história.

Em decorrência dos exercícios que pratico, já estou me recuperando da tendência que tinha de me preocupar. Minha mente ainda cria histórias apavorantes, mas acho que estou muito menos inclinada a acreditar nelas. Às vezes, consigo pegar a máquina de fazer histórias no momento em que ela está produzindo uma nova e, em alguns casos, consigo até mesmo rir dela. Se eu pudesse desligar definitivamente da mente a máquina de preocupações, eu com certeza o faria. Não gosto nem um pouco disso. Mas eu nasci com ela, quaisquer que sejam as razões kármicas, e estou presa a isso. Passei a encará-la – e também a mim mesma – com uma afeição compadecida. Trato-a como se ela fosse um vizinho desagradável, que mora no apartamento ao lado e, no meio da noite, ouve música em volume alto. Se sou obrigada a permanecer no apartamento, tenho duas opções. Posso relaxar e dizer: "Há vizinhos que são muito desagradáveis. Talvez algum dia eles se mudem. Enquanto isso não acontece, posso comprar tampões para ouvidos ou um *walkman* e fitas das quais eu gosto." Ou, então, posso me enfurecer e chamar o síndico, enviar cartas para associações de inquilinos e ficar ainda mais exaltada. Só depois de identificar o problema é que posso decidir o que fazer.

A Mulher da Praia de Guaymas

•

Um de meus mais importantes gurus foi uma mulher cujo nome desconheço, embora eu tenha contado a história dela dezenas de vezes. Ela me ensinou a admirável lição de que a maneira como eu vejo a vida, como se ela fosse cheia de perigos e de riscos, é uma visão particular e não a única possível. Quando percebi que ela e eu encarávamos a mesma situação de maneira completamente oposta, compreendi que a maneira de ver é condicionada pelo tipo de lentes através das quais cada um de nós vê o mundo. É útil para mim lembrar de como o meu conjunto de lentes dá cor às minhas experiências de vida e, às vezes, penso: "Talvez, com as lentes de uma outra pessoa, esta situação pareceria muito diferente."

Conheci uma mulher na praia de Guaymas, vinte anos atrás. Era verão, e Guaymas, no deserto de Sonora, México, estava muito quente. Eu estava hospedada num hotel grande e moderno, com ar-condicionado. Nas proximidades havia uma área de estacionamento, onde muitas pessoas, incluindo essa mulher, estavam acampadas em pequenos *trailers*. A mulher era jovem e tinha dois filhos pequenos. John, o mais velho, tinha quatro anos de idade, e o bebê estava começando a engatinhar. Ela contou que não gostava de passar o verão no lugar onde morava, em Los Angeles, de modo que ficava acampada no México por vários meses. O marido voava para juntar-se a eles nos fins de semana, pilotando seu pequeno avião.

Tudo em sua história me pareceu preocupante:

- Tratava-se de uma mulher desacompanhada, acampada numa praia em um país estrangeiro.
- Ela precisava tomar conta de um bebê que engatinhava perto

da água e, ao mesmo tempo, ficar atenta a um menino de quatro anos que mergulhava com um *snorkel*.

- Ela poderia ter problemas para conseguir água potável ou para conservar leite fresco e outros alimentos perecíveis em um clima tão quente.
- A que distância estava o médico mais próximo – será que ela já pensara nisso?
- O perigo que o marido corria voando para o México, pilotando o seu próprio avião, todos os fins de semana.

De fato, todas as circunstâncias em que ela se encontrava proporcionavam-me material com que eu poderia criar uma catástrofe. *Ela*, porém, parecia estar passando momentos de tranqüilidade e de descontração.

Certa noite, caiu uma tempestade muito forte, com trovões e relâmpagos que encheram o céu como fogos de artifício. A chuva caía torrencialmente, e eu, olhando da minha janela, no 16º andar, me preocupava com a possibilidade de uma inundação e com os danos que isso poderia causar no acampamento. Ao nascer do dia, a tempestade havia passado e eu corri para verificar como estavam a mulher e os filhos. O estacionamento de *trailers* estava uma bagunça! A chuva tinha espalhado por todo o local as coisas que estavam fora dos *trailers*, e as pessoas estavam ocupadas, varrendo e recolhendo seus pertences. A mulher também varria, enquanto seus filhos brincavam felizes ali por perto.

"Como foi a tempestade?", perguntei.

"Foi forte", respondeu ela.

"Você teve algum problema com as crianças?", perguntei, olhando para eles enquanto brincavam alegremente nas poças d'água formadas pela chuva.

"Oh, não", respondeu ela. "O bebê dormiu a noite toda e John também teria dormido se eu não o tivesse acordado para apreciar o espetáculo."

Eu estava aturdida. Pensei comigo mesma: "*Há uma outra maneira de encarar a vida!*"

Cheguei à conclusão de que ela e eu pegamos os mesmos dados e os vimos através de filtros diferentes. Eu contei uma história catastrófica e ela contou uma história empolgante. Tive vontade de trocar de filtro com ela.

Seria ótimo se eu pudesse dizer que, daquele momento em diante, minha introvisão a respeito da natureza semelhante a um filtro dos estados mentais perturbadores fez com que eu tivesse uma clara compreensão de todas as situações. Isso não aconteceu. Seria fácil para mim se, simplesmente, pudéssemos trocar de filtros. A mente que eu adquiri para essa existência está equipada com o seu próprio conjunto de filtros idiossincráticos através dos quais a experiência é processada.

Embora os filtros pareçam ser um mecanismo mental permanente, a compreensão da sua verdadeira realidade reduz o seu poder. Essa é outra maneira de expressar a Terceira Nobre Verdade do Buda: "A cessação do sofrimento é possível."

Com a prática, podemos começar a descondicionar a mente de seus padrões inconscientes de reação. Mesmo sem modificar as tendências habituais, podemos ficar atentos e exercer determinada influência sobre elas. Se a mente for lúcida e equilibrada, podemos reconhecer o fato de que os filtros são *apenas* filtros e optar pela reação mais saudável.

A mulher na praia de Guaymas me ensinou muita coisa. Embora eu não tenha conseguido mudar meu comportamento naquela época, ela me ensinou que havia uma outra maneira de reagir às situações com que nos defrontamos na vida. Surgiu em mim uma grande determinação de fazer o que fosse preciso para conseguir reagir de forma diferente.

Hoje em dia, quando a minha "fita mental" de catástrofes começa a tocar, geralmente consigo rir das coisas que imagino. Eu preferiria que ela não tocasse nunca. Tenho na parede de minha sala um grande pôster de Meher Baba, que diz: "Não se preocupe, seja feliz." Há dias em que estou convencida de que isso é um resumo da sabedoria cósmica em cinco palavras. Enquanto não chega o dia em que conseguirei de fato fazer isso, fico contente quando descubro que consigo não levar tão a sério as minhas aflições.

Não Ter Tanto Medo é Saber Levar a Vida

•

Uma das coisas que eu costumava dizer às pessoas para explicar por que eu estava praticando meditação era: "Eu quero ser uma velha totalmente sem medo." E estava falando sério. Nessa altura da minha vida, não tenho certeza se um dia vou conseguir ficar totalmente sem medo. Ficarei feliz se "não tiver tanto medo".

Lembro-me que uma das histórias da tradição zen que fez parte de minhas primeiras experiências com a meditação falava de um abade totalmente sem medo. Esse abade era o prior de um mosteiro no Japão, numa época em que hordas de samurais percorriam o campo, aterrorizando todos os que cruzavam seus caminhos. Certo dia, quando um bando desses temidos guerreiros entrou na cidade onde estava situado o mosteiro do abade, os monges fugiram para as montanhas, junto com todos os habitantes da cidade. Só o abade permaneceu sentado na sala de meditação. O chefe dos guerreiros, enfurecido porque a sua reputação não fora bastante assustadora para fazer o abade fugir, irrompeu na sala de meditação e o desafiou, brandindo uma espada. "Você não sabe", disse ele ao abade, "que sou o tipo de homem que poderia cortá-lo ao meio com esta espada num segundo, sem piscar os olhos?" Consta que o abade respondeu: "E eu, senhor, sou o tipo de homem que poderia ser cortado ao meio por uma espada em um segundo, sem piscar os olhos."

Acho que os meus professores contaram essa história por pensarem que ela serviria de inspiração. Fiquei mais desanimada do que inspirada, pois me sentia muito distante desse ideal e não consegui imaginar que, algum dia, eu pudesse chegar a esse nível de destemor.

Creio que os nossos medos mais profundos, os que mais se sobressaíram nesta existência, tornaram-se tão arraigados nos circuitos de nossos neurônios que provavelmente continuarão a fazer parte da nossa experiência até o fim de nossos dias. Robert Stolorow, um dos principais porta-vozes do movimento da Self Psychology, escreveu que, por mais conhecida e analisada que seja a etiologia do sistema do medo numa psicoterapia, sempre que a mesma configuração de acontecimentos surgir, as mesmas reações de medo vão ocorrer. Por maior que seja a nossa compreensão, somos essencialmente animais, condicionados pelas nossas experiências.

Uma das coisas mais terríveis de minha infância era o medo de que a minha mãe morresse. Ela sofria de uma doença cardíaca reumática e não podia deitar-se normalmente para dormir. Seus pulmões enchiam-se de água e ela precisava sair da cama, tossindo e lutando para recuperar o fôlego. Eu ficava deitada em minha cama, no quarto ao lado, ouvindo-a tossir. Essa tosse no meio da noite era o som mais terrível da minha infância. O som da tosse no meio da noite continua sendo o calcanhar de Aquiles do meu sistema neurológico. O meu "ponto fraco" é a tosse no meio da noite.

Todos os meus quatro filhos, agora já adultos, tiveram as doenças comuns da infância: catapora, sarampo e caxumba. Eles caíram e levaram pontos; quebraram os braços e as pernas e precisaram ser engessados. Extraíram as amígdalas naqueles tempos em que as pessoas ainda extraíam as amígdalas. E eu não tinha nenhum problema em lidar com isso. Mas se eles tossiam durante a noite, eu ficava apavorada. Isso sempre foi difícil para mim. Eu tinha de dizer a mim mesma: "Ele só está com gripe" ou "Ela só está resfriada." O fato de eu ficar com os cabelos em pé e de ser tomada pelo pânico era uma reação reflexa. Acho que cada um de nós tem a sua própria versão assustadora da tosse no meio da noite.

Eu não acho que isso seja motivo para desânimo; acho que é apenas mais um dado a respeito do modo como a nossa mente funciona. O medo não precisa ser necessariamente um grande problema se reconhecermos que os nossos medos são o resultado do modo como foram constituídos os nossos circuitos neurônicos nesta existência, de forma mais imediata e, quem sabe, em outras vidas.

Podemos reconhecer nossos medos e reagir a eles. Mesmo quando eu me sinto alarmada por causa de algo tão inócuo quanto uma gripe acompanhada de tosse, consigo dizer a mim mesma: "Isso é resultado do meu condicionamento anterior." É o fato de dizer isso a mim mesma que me impede de agir de forma inadequada ou desnecessária.

Há pouco tempo, alguém me mostrou um sistema de alarme anti-roubo. Ele estava programado para disparar se fosse detectado algum movimento em qualquer das direções para as quais o seu olho eletrônico estava voltado. Acho que, sob certos aspectos, as pessoas são como alarmes anti-roubo ambulantes. Nossas antenas estão prontas para captar sinais de qualquer coisa que possa nos assustar. Quando as coisas não nos causam medo, nós simplesmente as ignoramos, considerando-as percepções secundárias. Mas todos nós ficamos sobressaltados, prontos para entrar em ação, logo que alguma coisa que nos parece assustadora dispara o nosso "alarme". Talvez seja isso o que as pessoas têm em mente quando comentam a respeito de seus relacionamentos: "Nós apertamos os botões um do outro." Talvez esses botões sejam exatamente isso: botões de alarme.

Partilhar nossos medos, revelando quais são as coisas que ainda nos causam medo é uma das maneiras de estabelecer relacionamentos íntimos com as outras pessoas. Aprendemos a dizer uns aos outros: "Eu gostaria de contar-lhe sobre o meu receio quanto a ser abandonado. Esse medo nasceu em mim numa época em que minha mãe não estava por perto para me proteger do medo de ser abandonado." Quando começamos a descrever os botões que disparam um alarme, dentro de nós, nossos parceiros podem começar a nos informar acerca dos diagramas dos botões de alarme deles. "Como você me mostrou o projeto de seus circuitos de alarme, aqui está o esquema dos meus."

Quando começamos a compreender o que levou as pessoas a terem medo, podemos passar a ter compaixão delas, em lugar de nos zangarmos. Em vez de dizermos: "Fico louca quando penso que estou ligada a essa pessoa pelo resto da vida", podemos começar a sentir: "Fico tão triste ao pensar que essa pessoa, a quem quero tão bem, tem todos esses medos. Como deve ter sido horrível para ela ter de se proteger instalando todos esses botões de alarme."

Não devemos ficar constrangidos pelo fato de ainda sentirmos medo. Podemos ser adultos e ainda sentir medo. Confessamos os nossos medos mais profundos às pessoas com quem temos mais intimidade – em geral, um mestre espiritual ou um psicoterapeuta. Se tivermos sorte, é o nosso companheiro que passa a ser o nosso melhor amigo no departamento dos medos partilhados. O medo, quando declarado, nunca parece ser tão assustador quanto o medo que é mantido em segredo. Tenho idade suficiente para ter ouvido Franklin Roosevelt dizer a sua famosa frase: "Não há nada a temer, exceto o próprio medo." Eu acho que ele estava certo.

A Dúvida

•

A dúvida, descrita como "traiçoeira" na tradicional lista das energias que perturbam a mente, revelou ser a parte mais esquiva deste livro. Estou, finalmente, escrevendo sobre a dúvida, depois que tudo o mais já foi dito. Considerando-se a seqüência do livro, ela deveria ter vindo muito antes; mas, cada vez que eu tentava escrever, toda idéia boa que eu tinha sobre o tema acabava fugindo da minha mente. Comecei a ter sérias dúvidas quanto à minha capacidade de escrever sobre isso. Contei à minha classe das quartas-feiras de manhã, assim como fizera com inúmeras classes em ocasiões anteriores, que eu achava que não poderia escrever sobre a dúvida porque eu não tinha nenhuma. Hoje, eu acho que estava completamente errada. Algumas dúvidas eu não tenho. Um outro tipo de dúvida, a Grande Dúvida, eu certamente já *tive* e, às vezes, *ainda* tenho. Que coisa mais constrangedora de se admitir, em se tratando de uma pessoa que optou pelo caminho do ensino espiritual! A não ser que eu admitisse isso, porém, não chegaria a terminar este livro.

Nós podemos passar por diversos níveis de dúvida – desde a insegurança pessoal até a insegurança cósmica. Todas as manifestações de dúvida são reflexos da mente que se desvia da verdade a respeito de como as coisas são. Quando percebemos as coisas com clareza, compreendemos que, dada a história de toda a criação, cada um de nós é somente o que poderia ser e que o mundo é do único jeito que poderia ser. A verdade é: "Está tudo certo." Uma mente instável gera falsos rumores, tais como: "Eu não estou bem", "Você não está bem" e "Tampouco o mundo está bem".

A dúvida é mais sutil do que as outras quatro energias que confundem a nossa mente. Todas as outras vêm acompanhadas de fortes sensações físicas, que as identificam. Sabemos qual é a sensação que a luxúria causa no corpo, especialmente determinados desejos, como apetite por comida ou sexo, os quais se localizam em partes específicas do nosso organismo. Reconhecemos uma forte aversão pelo modo como o corpo fica tenso ou pelas sensações de queimação ou de agitação que a aversão produz. Podemos identificar a apatia, pois ela se manifesta como sonolência. A inquietação manifesta-se como uma mente desassossegada, um corpo agitado ou ambas as coisas. É difícil que alguma energia do corpo passe despercebida.

A dúvida, por outro lado, insinua-se na mente disfarçada de pensamentos que nos confundem ou desorientam. Uma vez ultrapassada a "barreira de segurança" da consciência plena, a dúvida atua como um agente clandestino, sabotando a fé e a confiança. Ela pode solapar alegremente a confiança em todos os níveis, pois atua a partir de dentro.

Eu costumava dizer: "Eu nunca tive que enfrentar nenhum tipo de dúvida porque os meus pais achavam que eu era uma pessoa inteiramente capaz de qualquer coisa." No que tange a inspirar autoconfiança, eles fizeram um ótimo trabalho. Ao longo de toda a minha vida, eu pensei da seguinte forma: "Se as outras pessoas fazem isso, eu também posso." Se, de repente, me dissessem que eu precisaria aprender sânscrito em seis meses, eu começaria a estudar imediatamente, impávida.

Logo na primeira vez que entrei em contato com os ensinamentos budistas, muito antes de passar a compreendê-los em profundidade, eu pensei: "Algum dia vou ensinar isso às outras pessoas." Agora que *estou* ensinando, posso confessar esse pensamento que, na época, era extravagante. Esse pensamento extravagante me deu muita coragem.

Acho que transmiti autoconfiança a meus filhos, mas não me lembro de ter tido consciência disso na época. Notei como atua a confiança quando Collin, meu neto mais velho, começou a demonstrá-la aos dois anos de idade.

Eu e Collin costumávamos passar um dia juntos uma vez por

semana e, certa vez, eu e ele fomos a um *shopping center* da região. Aquele não era um dia comum, pois eu dera mau-jeito nas costas e não conseguia levantar nada.

"Ouça, Collin", expliquei, abrindo a porta do carro e soltando o seu cinto de segurança. "Não posso carregá-lo no colo. Você terá de descer sozinho."

Collin levantou-se e, cuidadosamente, virou-se de costas para o painel. Ele precisou escorregar do banco para o assoalho do carro, fazer uma meia-volta e descer até o chão. Ao terminar, ele olhou para mim.

"Que grande garoto você é!", eu disse, sinceramente.

"Eu *é*!", respondeu ele, sério.

Achei sua observação tão graciosa que a contei a todos os membros da família. "Eu *é*!" tornou-se a senha para "Eu tenho confiança em mim mesmo."

Recordando a pequena façanha de Collin no estacionamento, acho que o mais importante foi a sua capacidade de manter-se cuidadosamente atento ao longo de um complexo conjunto de ações. Os textos tradicionais budistas ensinam que a atitude que mantém nossa atenção concentrada na verdade do momento é o antídoto para a dúvida.

A confiança em si mesmo para executar tarefas comuns do dia-a-dia é o ponto onde termina o *continuum* da dúvida. É verdade que eu estou indo bem no que diz respeito ao sânscrito. Não é verdade que eu sempre esteja bem com relação à vida. Tive dificuldade para reconhecer a dúvida cósmica em mim mesma. Eu a menosprezei, considerando-a "uma profunda introvisão acerca da natureza do sofrimento", ou uma "melancolia romântica" ou variações da idéia de que "Se a vida é algo tão frágil, o cosmos não está bem."

"Eu estou bem" significa auto-estima. "Você está bem" expressa tolerância sem julgamentos, cordialidade e, provavelmente, é resultado de genes pacíficos e de pais amorosos. "O universo está bem" é sinal de satisfação cósmica, que chamamos de fé.

Eu costumava ignorar a minha falta de fé, considerando-a motivo de orgulho. "A fé é algo supérfluo", diria eu. Ou você sabe ou você não sabe. "Os sistemas de crença também são supérfluos", explicava eu, chamando a atenção para os ensinamentos de Buda sobre a importância da descoberta pessoal e direta da verdade. Ele *de fato* ensinou que a aceitação da palavra dos outros a respeito de como as coisas são não deveria substituir a prática individual e a confirmação pessoal, mas ele não disse que a fé não tem importância. Isso fui eu que inventei.

Atualmente, parece-me sinal de arrogância ter tornado a fé algo trivial. Quem não precisa de fé? A vida é tão complicada, inexplicável e, fundamentalmente, impossível de se controlar. Ela é boa, claro, tal como é, porque ela é apenas o que é. O Buda ensinou que o universo é totalmente regido por leis. Ele não é um erro, mas é absolutamente *misterioso*.

Para mim, a fé revelou-se uma qualidade que me dá forças e me ajuda a manter o equilíbrio mental quando as energias esquivas da dúvida obscurecem a verdade. Essas energias esquivas, assim como todas as outras energias perturbadoras, surgem naturalmente como um fenômeno mental. Como é absurdo eu afirmar: "Eu nunca tenho dúvidas." Todos os meus melancólicos devaneios a respeito da vida são manifestações de dúvida. Demorei algum tempo para perceber isso.

Não faz muito tempo, eu tive um grande ataque de dúvida. Acordei certa manhã desanimada com a fragmentação da vida. O motivo pelo qual isso aconteceu *naquele* dia e não todos os dias é uma especulação. Na noite anterior, eu havia recebido algumas notícias tristes relativas à minha família, porém não se tratava de nada assim tão grave. Estávamos no começo do outono e o Sol demorou um pouco mais para nascer, embora não muito mais do que no dia anterior. O motivo parecia irrelevante. O fato é que eu estava me sentindo triste.

Eu morava no campo e estava em casa com meu marido e um grande amigo nosso, ambos meus confidentes e amigos espirituais, e ambos, de maneiras diferentes, mestres espirituais.

"Como estão as coisas hoje?", perguntou-me o meu amigo.

"Estou péssima", respondi. "Sou uma completa fraude – viajo por todos os lugares dizendo às pessoas: 'A paz é possível', 'A vida é suportável', 'Ela é feita de dor e perda, mas não precisa necessariamente significar sofrimento', e isso não é verdade; ela é toda fragmentada e nós, como seres humanos, não estamos preparados para suportar isso; e se toda religião for uma fraude e nós estivermos contando grandes mentiras uns aos outros e para o resto do mundo?"

Talvez eu não tenha posto tudo isso numa só frase, mas essa certamente foi a essência do que eu disse enquanto estava preparando o café da manhã. Os dois homens me ouviram. Chorei e fiz ovos mexidos. Ninguém tentou me fazer mudar de opinião. Ninguém tentou me fazer lembrar as verdades espirituais. Ninguém tentou me consolar, tampouco. Mas eu sabia que eles estavam me ouvindo.

Durante o café da manhã, continuei com a minha ladainha sobre a dúvida cósmica e a dúvida com relação a mim mesma. "Vejam só como o mundo está fragmentado!", insisti. "Tudo está acabando. Ninguém compreende ninguém. As pessoas estão se matando umas às outras. O planeta está sendo destruído. É ridículo ficar aqui, pregando a felicidade. Não é apenas ridículo; é uma *mentira*, porque eu não estou feliz. Talvez *algumas* pessoas tenham conseguido parar de sofrer, mas eu não!"

Para meu marido, essa crise de melancolia não era novidade. Para o meu amigo era, e passou-me rapidamente pela cabeça o seguinte pensamento: "Agir assim não é muito elegante, Sylvia." Eu não tinha escolha, porém, e chorei. Comemos, e eles disseram coisas como: "Você pode fazer um pouco mais desses ovos mexidos?" e "Passe a manteiga, por favor".

Depois do desjejum, lavamos a louça. Uma hora depois, um deles perguntou: "Alguém quer analisar algum texto?" Respondi: "Claro, por que não?"

Foi como se nada tivesse acontecido. Nada *tinha* acontecido. A dúvida havia surgido e desaparecido, como uma tempestade. Ninguém vacilara. Eu a mantivera sob a minha atenção, eles me haviam dado seu apoio e a verdade voltara a se instalar. Tudo *está* fragmentado, mas podemos lidar com isso.

Uma Crise de Múltiplos Obstáculos: Chiclete de Uva

•

As pessoas que estão confusas e infelizes em geral se sentem como se a mente delas estivesse cheia de uma energia com a qual é difícil lidar. "Estou louca de raiva!" ou "Estou morrendo de vontade!" ou "Estou cheia de dúvidas!" Quando ficam sabendo de alguém que contou ter sofrido uma Crise de Múltiplos Obstáculos, essas pessoas pensam: "Oh, querida, isso parece ser *realmente* ruim!" Talvez elas achem que a Crise de Múltiplos Obstáculos está para a Crise de Poucos Obstáculos, assim como a pneumonia está para um resfriado. Convém pensar nisso.

Suponha que você se apaixone por alguém. O desejo toma conta da sua mente. Você pensa nessa pessoa o tempo todo e, durante algum tempo, isso é muito agradável. Então, enquanto o trabalho se acumula na sua mesa e o seu chefe vai ficando aborrecido, você pensa: "É melhor eu tomar jeito." Nasce a relutância. "Vou esquecer esses pensamentos." Mas eles permanecem. As tentativas para deixar de lado o pensamento – o objeto do amor – são ineficazes. "Eu gostaria que esses pensamentos saíssem da minha cabeça." Agora, a pilha de trabalho acumulado é ainda maior e você começa a ficar agitado porque a pessoa amada não telefonou como havia prometido. Surge a dúvida. "Mais uma vez, cometi o erro de me apaixonar por alguém que não se importa comigo. Como sou idiota!" Mais agitação. "Lá vem o meu chefe! O trabalho não está terminado! Minha cabeça está um turbilhão!" A apatia toma conta: "Estou exausto!" Cinco estados mentais difíceis, surgindo em cascata, um depois do outro logo após o primeiro ter conseguido se esgueirar na mente.

Talvez isso pareça um pouco dramático, mas é assim que acontece. Você poderá comprovar isso lembrando-se de suas próprias experiências. Não importa qual seja o estado mental perturbador que entra em cena no palco da sua mente. Atrás dele estão vindo os outros quatro, em ordem variável, dependendo do conjunto de circunstâncias.

Eis um outro exemplo: Suponha que você vá a uma ópera com uma nova namorada que você espera que goste de você. O dia foi longo e a apatia prepondera no seu espírito. A música transmite serenidade, e você começa a sentir as pálpebras se fechando. "Que má impressão estou causando", você pensa. "E a minha namorada pagou tão caro pelos ingressos!" Você se zanga com essa apatia. "Preciso ficar acordado: estou causando uma péssima impressão!" A apatia persiste, e a agitação começa a tomar conta da sua mente. "Não vou conseguir agüentar até o intervalo. Vou dormir bem aqui e provavelmente vou roncar também!" Você quer muito que a noite termine logo e, então, você se pergunta se a noite poderia ter um final erótico. De repente, a mente desperta com o pensamento erótico. "Ah, que bom", você pensa. "Finalmente estou acordando! Se eu continuar pensando em sexo, conseguirei ficar acordado..." O espetáculo termina e a sua namorada pergunta: "O que você achou da ópera?" Surge a sensação de alarme – era como se você nem sequer estivesse presente!

Tive uma Crise de Múltiplos Obstáculos no dia 31 de outubro de 1985, em Barre, Massachusetts, por causa de um chiclete sabor de uva. Era dia do Halloween. Eu estava praticando meditação há algumas semanas em um mosteiro. Na porta de entrada desse mosteiro estava escrito: "Benignidade." Eu estava com uma disposição de ânimo maravilhosa. Sentia um êxtase sereno, se é que existe semelhante estado de espírito. Eu estava contente com o resultado dos meus exercícios de meditação e tinha muita confiança em mim mesma. Eu estava vendo as coisas com notável lucidez e imaginava que não teria dificuldade para manter essa clareza mental.

Quando entrei na sala de meditação para a última sessão da

noite, fiquei surpresa e encantada com a beleza do local. A equipe que residia no mosteiro, as pessoas que atendiam às necessidades daqueles que estavam fazendo o retiro, haviam decorado a sala para o Halloween. Por toda a parte, havia lanternas feitas com abóboras talhadas como rostos humanos, todas feitas com muito capricho e iluminadas com uma vela.

Ao aproximar-me do meu lugar, notei que a equipe de auxiliares colocara um confeito na almofada de meditação de cada um dos participantes, como um presente de Halloween. "Que adorável", pensei. Então, notei que o meu presente era um chiclete sabor de uva. Como não gosto de chiclete de uva, tive um momento de aversão. Eu não queria o chiclete de uva. Outras pessoas tinham recebido coisa melhor, e eu queria o que eles haviam recebido. Um momento de aversão seguido por um momento de desejo; mas eu nunca pensaria em fazer uma troca com alguém, de modo que me sentei, com o chiclete de uva na mão. Então tive um outro momento de desejo. Meu amigo Roger, que ocupava a almofada em frente à minha, ainda não voltara à sala e fiquei com vontade de dar-lhe o meu chiclete. Imaginei que ele ficaria feliz porque, então, ele teria dois presentes de Halloween. "Belo pensamento", congratulei a mim mesma. "Agora você transformou a sua negatividade em felicidade."

Coloquei o meu chiclete ao lado do confeito que já havia sobre a almofada dele, e o vi chegar, notar os dois presentes, pegá-los e sentar-se. Imediatamente, ocorreu-me um pensamento. "Que coisa tola você acabou de fazer! Como você pôde colocar o seu chiclete na almofada de Roger? Agora ele sabe que alguém deu a ele o presente que recebeu, e ele provavelmente acha que tem uma admiradora secreta, e esse pensamento provavelmente vai estimular sua mente, fazendo-a sair do que certamente era um estado de tranqüilidade. E eu, que supostamente sou uma praticante de meditação dotada de sabedoria e seriedade, fui a causa do seu desassossego!" A essa altura, eu estava totalmente decepcionada com a maneira impulsiva como eu agira e cheia de dúvidas com relação ao meu grau de sabedoria. Além disso, eu estava exausta. O episódio todo durara cerca de trinta segundos. Passei do êxtase sereno a um estado de desânimo e confusão em menos de um minuto.

Por mais insignificante que seja um chiclete, a história tem sua importância. Antes de mais nada, é um bom exemplo da fragilidade, da transitoriedade dos estados mentais. Assim como as condições atmosféricas, eles mudam muito rapidamente. Bom humor. Mau humor. Tranqüilidade. Esgotamento. Aquela familiar "Mente de Albuquerque".

Durante esses momentos de confusão mental por causa do chiclete de uva, aprendi qual era o antídoto mais eficaz para todo tipo de ataque de obstáculo mental. A melhor coisa para equilibrar a mente é a lucidez. Naquele Halloween, percebi isso enquanto as coisas todas estavam acontecendo. E ri! "Sylvia", disse eu, "você acabou de sofrer uma Crise de Múltiplos Obstáculos. Lá se foram os seus gloriosos sonhos de viver para sempre em prazerosa serenidade. Às vezes, tudo é tranqüilo e sereno; às vezes, não. Respire fundo. Sorria. Fique feliz com o fato de que você acabou de aprender alguma coisa. Respire novamente. Alegre-se!"

4

Visão Clara: Sabedoria e Compaixão

A Mente Natural

•

Quando as pessoas ouvem os budistas falar a respeito do vazio ou quando ouvem a mente sendo descrita como uma imensa amplidão, elas às vezes ficam com a idéia de que a mente tranqüila é como um buraco negro cósmico. Elas podem ficar assustadas e dizer: "Meu corpo foi ficando cada vez mais relaxado durante a meditação e, de repente, tive medo de esquecer quem eu era" ou "tive medo de me perder em algum lugar e não saber como voltar".

É claro que isso não acontece. Nós nos lembramos de quem somos e, em geral, a prática da meditação faz com que nos sintamos mais presentes no aqui e agora do que antes, e não em algum lugar estranho e diferente. Mente ampla e serena não significa mente vazia de pensamentos, percepções ou sentimentos. Significa apenas mente *serena*.

Quando eu era criança, as cidades pequenas tinham leis contra a "perturbação da paz". Eu me perguntava o que eles consideravam uma perturbação. Gritar num lugar público? Cantar na rua? Considerando as condições de vida de uma cidade moderna, a idéia de que algum lugar seja ou deveria ser essencialmente tranqüilo é ligeiramente antiquada.

A *mente* é essencialmente tranqüila. Para mim, essa descoberta, ao menos inicialmente, continha boas e más notícias, como o desfecho de muitas piadas. A má notícia era que a mente tranqüila, a mente livre de perturbações, não era necessariamente algo psicodélico nem exótico, como eu havia esperado que fosse. A boa notícia era que o contentamento se revelou o mais exótico de todos os estados mentais, e nunca é tedioso nem cansativo. Podíamos sentir contentamento pelo resto da vida. *Podíamos* senti-lo pelo resto da vida porque ele é o estado natural da nossa mente.

Nenhum Cedro, Nenhum Arbusto em Chamas

•

Annie Dillard exerceu grande influência sobre mim quando comecei a praticar meditação. Li diversas vezes o seu livro, *Pilgrim at Tinker Creek*. Um determinado trecho desse livro me comoveu demais. Ela descreve uma caminhada de volta para casa, através da floresta, até sua cabana em Tinker Creek, onde ela estava passando um ano em solidão, estudando a natureza. É claro que a mente dela estava muito equilibrada, com a atenção muito concentrada, e ela estava vivendo num estado de grande admiração pela inter-relação de todas as coisas vivas. Certamente, esse era um estado mental que levava a realizações extraordinárias.

Naquele dia, enquanto caminhava de volta para casa, ela viu um cedro em chamas. Quando li isso, eu sabia que ela não queria dizer que a árvore estava literalmente pegando fogo. Presumi que ela estava querendo dizer que a árvore tinha um tipo de luminosidade extraordinária não por si mesma, mas porque Annie estava vendo a árvore com olhos extraordinários. Ela descreve esse fato como um momento de transformação e conta em seu livro que sua vida estava totalmente voltada para essas visões.

Desse modo, eu quis ter a minha própria versão de um cedro, a minha versão pessoal de um arbusto em chamas. Eu imaginava que, se a mente estivesse suficientemente equilibrada, ela iria explodir internamente num espetáculo pirotécnico do tipo que se vê no Quatro de Julho, independentemente do que estivesse se passando no mundo exterior. Acho que essa idéia também foi moldada pelas cenas de abertura do filme dos Beatles, *Submarino Amarelo*, onde de repente tudo adquire cor. Eu queria que tudo explodisse em cor.

À medida que eu continuava a praticar meditação, de tempos em tempos aconteciam comigo fenômenos físicos e mentais incríveis. Eu podia sentir arroubos leves em todo o meu corpo; vibrava com frêmitos de prazer; as cores à minha volta pareciam um pouco mais vivas; às vezes, as folhas davam a impressão de estar um pouco mais nítidas. Os alimentos que eu comia nos retiros de meditação tinham mais sabor do que o normal. Isso não quer dizer que uma maçã passada se tornasse uma fruta suculenta. Uma maçã passada ainda era uma maçã passada, e eu sabia disso. Todavia, nada estava em chamas, nada apresentava luminosidade e não havia fogos de artifício na minha mente. Certo dia, depois de muitos anos de prática, no meio de um retiro de meditação, caminhei para fora do centro de retiro e sentei-me num banco, perto da porta dos fundos, para esperar os poucos minutos que faltavam para a hora do almoço. Era um dia cinzento e enevoado. O centro de meditação estava localizado numa velha casa, em cuja vizinhança nada havia de extraordinário. Além do mais, era fevereiro e o tempo na Califórnia estava sempre nublado. O banco estava frio. Diante de mim havia uma árvore, ainda nua, pois seus brotos não tinham começado a nascer. Pensei comigo mesma: "Será que esta árvore pode ser o meu cedro?"

Fechei os olhos e prestei atenção à minha respiração. Senti o meu corpo sentado num banco frio; senti o ar úmido ao meu redor; senti-me muito relaxada. Comecei a gostar do banco frio; apreciava-lhe a dureza; apreciava a sensação da neblina úmida à minha volta; percebi que eu estava feliz. Eu estava até mesmo com um pouco de fome, mas senti que ainda estava feliz. Dali a pouco, tocou a sineta que chamava para o almoço. Eu a ouvi, e gostei do som, mas não surgiu em mim o impulso de levantar-me e entrar na fila para o almoço. Continuei sentada. De repente, percebi que essa era uma experiência estranha e que era extraordinário o fato de não ter surgido em mim o impulso de fazer alguma outra coisa. Ali estava a sineta chamando-me para uma atividade potencialmente agradável, em um ambiente mais aprazível e, contudo, não surgia na minha mente o desejo de mudar a minha situação. Eu estava contente. Pensei comigo mesma: "Atenção! O contentamento é o mais exótico de todos os estados mentais. Ele é tão incomum!" Então, continuei meu pensamento: "Provavelmente este é o meu momento de iluminação. Se eu abrir os olhos, essa árvore à minha frente estará brilhando, tremeluzindo e irradiando luz." Lenta e timidamente, abri os olhos. A árvore continuava exatamente a mesma, mais banal do que nunca. Eu estava realmente feliz.

De vez em quando, surge de novo o desejo de ver um cedro luminoso. Em geral, isso acontece quando estou tranqüila e cheia de energia, e penso comigo mesma: "Isso é tão extraordinário: agora verei o meu arbusto em chamas." Isso ainda não aconteceu. Na verdade, acho que estou feliz com isso. Se eu visse um, essa visão não iria durar muito tempo e logo se extinguiria. Eu começaria a aguardar a próxima vez e isso seria um problema.

Os arbustos em chamas são poucos e raros. Cada momento tem o potencial necessário para ser um momento de felicidade. Na verdade, todos os momentos são de felicidade. Se não são, é porque a mente os estragou.

Os Três Marcos da Experiência

•

O Buda ensinou três verdades sobre a experiência da vida, sobre *toda* experiência da vida, as quais garantem felicidade e contentamento se forem plenamente compreendidas. Todas as três são óbvias, de modo que, quando as ensino, as pessoas freqüentemente dizem: "Mas isso é TUDO? *Todo mundo* sabe isso!" É verdade — elas *são* verdades batidas e todos as conhecem. Acredito que o importante da prática espiritual é que passamos a conhecê-las de uma forma *visceral*, de um modo que faz com que nos sintamos menos assustados e nos comportemos com mais benevolência.

Os três marcos ou características de toda experiência são *anicca*, *dukkha* e *anatta*. *Anicca* significa transitoriedade. Nada dura. As coisas aparecem num horizonte mítico chamado "futuro", passam em forma de experiências e desaparecem num vazio chamado "passado". O Campeonato de futebol americano do ano passado está no mesmo vazio que a Guerra Civil. *Dukkha* significa insatisfação. Como nada é permanente, não há tempo para descansar e a vida é uma constante série de ajustes em busca do bem-estar. *Anatta* significa a inexistência de um eu separado do restante do universo. Isso significa que a infinita torrente de experiências que surgem, desdobram-se e desaparecem é *tudo* que existe. A idéia de alguém isolado, observando o fluxo dos acontecimentos, é uma ilusão de óptica.

Se as verdades são tão simples e todo mundo as conhece, por que precisamos de algum exercício espiritual? Afinal de contas, algumas pessoas parecem naturalmente sábias. Para o resto de nós, o conhecimento intelectual não parece ser suficiente. Os exercícios espirituais nos oferecem a possibilidade de conhecer as coisas de uma maneira visceral, de uma maneira transformadora. Nos textos budistas, essa transformação é chamada de desenvolvimento da sabedoria. Você não pode ver a sabedoria, mas pode enxergar o seu reflexo. O seu reflexo é a felicidade, a coragem e a bondade.

O Motorista do Furgão

•

Eu estava sozinha com o motorista do furgão, numa manhã de domingo em Massachusetts, a caminho do Aeroporto Logan e, como ele parecia ter a minha idade, imaginei que tivesse filhos e netos. Em poucos minutos, tínhamos terminado todas as estatísticas — quantos netos, de que sexo, de que idade — e estávamos conversando sobre os milagres da genética e como os cabelos ruivos do avô Jim e a extrema timidez da tia Louise tinham se manifestado em Kevin, de quatro anos de idade.

Por milagre, a conversa parecia encaminhar-se naturalmente para coisas agradáveis: o neto dele, ator; o meu neto que fala sueco; a família dele, cujos membros se amam e se preocupam uns com os outros; a minha, que faz o mesmo. Em pouco tempo, chegamos aos assuntos dolorosos: quais filhos tinham problemas de saúde, problemas de emprego, problemas de relacionamento.

Observei que a vida de todas as pessoas parece ser a mesma — uma mistura de alegrias e tristezas, onde apenas os nomes mudam. Ele concordou e sorriu ao recordar um acontecimento, anos atrás. "Nós nos divertimos muito", disse ele, "vestindo as crianças para irem à igreja. O mais velho tinha dezenove anos quando o bebê nasceu, e nossa família estava linda quando entramos, todos os oito.

"Véspera de Natal", continuou ele, "*aquele dia* foi realmente especial. Tudo parecia tão importante na época e agora é como se nunca tivesse acontecido. Também trabalhei 34 anos nos correios, antes de me aposentar e começar a dirigir, e agora é como se todos os meus anos de trabalho no correio tampouco tivessem acontecido!"

O Sutra do Diamante parece tão eloqüente quando diz que devemos encarar esta "vida fugaz" como "uma bolha que surge num riacho, uma estrela cadente, um fantasma e um sonho". Os meus alunos, porém, às vezes têm problemas com conceitos como vazio ou insubstancialidade. Tudo *parece* real, importante e substancial no momento. Talvez a própria eloqüência da poesia no sutra ou suas imagens inanimadas é que sejam confusas. Se refletirmos sobre nossas experiências de vida, saberemos que isso é verdade.

Anicca: *Transitoriedade*

•

Anicca é a verdade da transitoriedade, da natureza constantemente mutável de toda a experiência. Obviamente, todos nós sabemos que as coisas mudam, que nada é permanente. Ninguém que eu conheço gosta de ir ao dentista, mas todos vão, mais ou menos tranqüilos, mesmo para tratamentos mais complicados. Ninguém iria, se as visitas ao consultório dentário não tivessem hora para acabar, ou mesmo, se não houvesse uma previsão de quando sairíamos dali. Lembramo-nos de que nada dura para sempre quando vamos ao dentista, mas esquecemos disso quando estamos confusos. O pesar nos confunde e a perda e a tristeza nos assustam. Se pudermos conservar ao menos uma parte da mente lúcida quando se trata da temporalidade, poderemos lidar elegantemente com situações complicadas e, até mesmo, difíceis.

Isso Também Vai Passar

•

Meu quarto filho nasceu quando o meu mais velho tinha cinco anos de idade. Eu estava muito feliz com a minha situação e ao mesmo tempo acabrunhada. Pintei a frase "Isso Também Vai Passar" no caibro do telhado de minha cozinha. De fato passou. Agora, recordo-me desses dias com grande carinho. Quando percebo agora o quanto eles passaram rápido e com que rapidez tudo o mais em minha vida passou, tenho a sensação de que vou acordar amanhã e descobrir que estou com 80 anos de idade. Quando minha sogra já era uma anciã, ela costumava suspirar e dizer: "Mais um pouco e está tudo terminado!" Eu achava que isso era apenas a sua maneira peculiar de encarar a vida. Agora eu acho que ela estava certa.

O Bem-estar não Dura Muito Tempo

•

A casa onde moro tem cem anos de idade. Quando nos mudamos para lá, havia um corrimão ao longo dos três lances de escadas, entre a entrada de carros e a porta da frente. Os antigos moradores, pessoas idosas, estavam se mudando para uma casa menor e, como o corrimão era feio e nós éramos jovens e vigorosos, nós o retiramos.

Recentemente, pusemos o corrimão de volta. Ainda não precisamos dele, mas muitos dos nossos amigos sim. O espantoso é que parece que foi ontem que o retiramos. Se eu contasse uma história sentimental a respeito da verdade da transitoriedade, começando com "Minha vida está passando por mim", eu poderia ficar melancólica. O sentimento que visa acalentar o momento presente pode ser bom. O sentimento em si, repisando o que *poderia ter sido*, faz a pessoa ficar deprimida.

Phyllis é uma das pessoas que conheço e que, hoje em dia, precisa do corrimão. Quando a conheci, dez anos atrás, ela conseguia subir os meus três lances de escada com facilidade. Agora o seu corpo está frágil e ela precisa de uma cadeira especial para sentar-se sem sentir dor. Na semana passada, arrumei o travesseiro atrás das suas costas e perguntei: "Isso a faz sentir-se melhor?"

"Sim", respondeu ela, pensativamente, "mas o conforto e o bem-estar não duram muito tempo."

Dukkha: *Insatisfatoriedade*

•

Parece não ser de muito bom tom dizer "A vida é insatisfatória", como se estivéssemos nos queixando de alguma coisa. Na terceira série primária, recebi um "Insatisfatório" no item "Trabalha e brinca sem problemas com os outros", e ainda me lembro disso com dissabor. Suponho que eu tenha recebido essa nota ruim porque as outras crianças trabalhavam e brincavam juntas melhor do que eu. Mas como a vida pode ser "insatisfatória"? Em comparação a *quê*?

A segunda característica da experiência, segundo Buda, a do caráter inevitável da insatisfação, é uma conseqüência da percepção da transitoriedade. Ela deveria ser libertadora. Quando compreendemos a temporalidade, também devemos compreender que o apego a uma coisa qualquer é totalmente inútil, além de ser doloroso.

Não se pode contar com a permanência de nada. Certa vez, eu estava dando um curso de uma semana, voltado exclusivamente para pessoas que se iniciavam na prática da meditação. Muitos exercícios de meditação, incluindo o da conscientização, que eu ensino, começam com a solicitação de que a pessoa preste atenção à experiência da respiração. Isso porque todos estamos respirando e a respiração é bastante simples e fácil de se perceber. O fato de se concentrar a atenção na experiência de respirar tem geralmente um efeito calmante e aumenta a nossa capacidade de nos concentrar mais nas coisas.

Dou as instruções para a meditação de maneira a — espero eu — chamar a atenção das pessoas para a experiência da mudança constante. Faço isso de propósito pois, ao ensinar as pessoas, espero que elas não apenas se acalmem mas que também se tornem mais sábias, que experimentem por si mesmas as grandes verdades libertadoras que o Buda ensinou. Eu digo coisas como: "Ao se concentrar na respiração, procure notar que ela vem e vai embora. Tudo o que vem vai embora."

Passaram-se alguns dias, e continuei a dar as instruções de uma maneira que, a meu ver, despertaria a consciência das pessoas para a experiência da temporalidade. "Quando você estiver caminhando, observe como cada passo surge e desaparece." "Enquanto almoça, observe como o apetite que você sente no início da refeição desaparece à medida que você continua a comer."

Por fim, numa tarde, um dos alunos interrompeu as instruções, aparentando desespero: "Por que você continua dizendo isso?", deixou escapar: "Não agüento mais ouvir você dizer isso."

"Eu digo isso", respondi, "porque é a verdade."

Compreendo o desânimo dele. Eu mesma senti isso, durante um tempo bastante longo. Houve um período em minha própria prática de meditação em que o fenômeno do desaparecimento era a *única* coisa de que eu tinha consciência. A vida parecia toda ela um exercício penoso e irrelevante rumo à morte. Tive uma conversa com meu professor de meditação certo dia e contei-lhe o quanto tudo me parecia incrivelmente vazio e sem sentido.

"Tome muito cuidado, Sylvia", disse ele, "para não deixar que essa sua maneira de encarar a insatisfação traga a aversão para sua experiência de vida."

"Muito obrigada", respondi polidamente, no estilo que as pessoas usam para falar com professores respeitados, presumindo que eles sabem do que estão falando, e fui embora. Quando fechei a porta atrás de mim, pensei: "COMO?!"

Não muito tempo depois, ainda presa à minha visão de que as coisas não tinham sentido por serem insatisfatórias, fui com meu marido para o Havaí, em viagem de férias. Que época estranha! Supõe-se que o Havaí seja um lugar lindo e romântico. Sentamo-nos num restaurante ao ar livre, à beira da praia, observando o Sol se pôr. Ao nosso redor, casais estavam de mãos dadas, sorrindo para o poente e, sem dúvida, dizendo coisas românticas um para o outro, enquanto eu chorava muito! "Mais um dia se passou! Tudo passa! Tudo é vazio e sem sentido!" Acho que não fui uma companhia muito agradável nessas férias.

Há uma outra maneira de compreender a insatisfação sem que tudo perca o sentido. Tomar consciência da fragilidade, da temporalidade, do fato de que mais cedo ou mais tarde todos perderemos uns aos outros, impõe-nos claramente a necessidade de ser absolutamente bons uns com os outros, e de nos amar sempre. Quando falam a respeito de alguém que está muito doente, as pessoas às vezes dizem: "Seus dias estão contados." *Todos* os nossos dias estão contados. Ninguém sabe quantos dias vai viver. Literalmente, não temos um momento a perder.

Mesmo que isso não Faça Sentido, os Cogumelos São Importantes

•

A vida de minha amiga Alta foi uma lição para mim, e sua morte também. Ela gozou de boa saúde durante 79 anos e, então, de forma bastante repentina, adoeceu gravemente e ficou evidente que ela morreria dentro de pouco tempo. Ela aceitou essa idéia com sua habitual e rematada elegância. Essa foi metade da lição que ela me ensinou.

A outra metade diz respeito às coisas que fazem sentido. No último dia que Alta pôde falar comigo, dois dias antes de morrer, conversamos sobre o significado das coisas.

"Estou pensando no significado disso tudo", disse ela, "e não me parece que seja muito importante. O que você acha?"

"Talvez estejamos fazendo muito barulho por nada", disse eu.

"Acho que sim", respondeu ela, acrescentando: "Você fez um bom panegírico para o seu pai."

"Farei também o seu."

"Eu não gostaria de incomodá-la..."

"Dê-me uma sugestão, Alta! O que você quer que eu diga?"

"Não importa. Diga qualquer coisa que você queira dizer."

"Que tal se eu der a receita daqueles deliciosos cogumelos marinados que você faz?"

"É uma boa idéia. Eles são muito bons. As pessoas gostam muito deles."

"Você se lembra da receita? Você poderia passá-la para mim agora."

"Não exatamente. Olhe, está na minha caixa de receitas. Lembre-se de dizer que eles não devem ser preparados mais do que quatro horas antes de serem servidos. Os cogumelos murcham."

Os cogumelos são tão cheios de significados quanto qualquer outra coisa.

Anatta: *Impessoalidade*

•

A terceira das compreensões libertadoras que o Buda ensinou é outro desenvolvimento da lei da mudança. Como tudo não passa de mudanças acontecendo, não há ninguém que *tenha* as mudanças e ninguém a *quem* as mudanças aconteçam. Somos verbos e não substantivos, experiências se desenrolando, histórias sendo contadas como seqüências de histórias que já foram contadas. Rocky II. Sylvia III. O Filho de Flicka. As histórias estão ligadas a outras histórias em particular ("condicionadas" por elas, é o que o Buda teria dito), porém, fundamentalmente, estão ligadas a *todas* as histórias, não existindo nada que seja isolado, único ou permanente.

Visão Cósmica/Visão Local

•

Lembro-me de ter lido em algum lugar que os astronautas que andaram sobre a Lua ou, talvez, que *todos* os astronautas que se afastaram o suficiente para ver toda a Terra de uma só vez partilharam uma determinada experiência. Eles sentiram admiração pelo escopo das histórias que estavam se passando na Terra, sem julgar se essas histórias eram boas ou ruins, como fazemos quando nos encontramos mais perto de casa. Tenho uma reação um tanto parecida quando estou viajando, longe da minha família. O fato de que eles existem parece muito mais notável do que qualquer decepção ou alegria que eles possam me dar quando estou por perto. O exercício espiritual desenvolve a nossa capacidade de ver as coisas com certo distanciamento, mesmo quando elas estão próximas e há um envolvimento pessoal da nossa parte.

Minha fotografia preferida é a da Terra vista da Lua. Ela é perfeita. Uma grande bola azul e verde flutuando num enorme espaço negro, percorrendo sua órbita. A partir desse ponto de observação, o cenário na Terra é impressionante. Criaturas nascendo e outras morrendo; plantas florescendo de um lado e plantas definhando do outro; neve caindo, ventos soprando, vulcões em erupção, terremotos sacudindo continentes, pessoas falando, música tocando. Visto da Lua, trata-se de um drama cósmico impressionante. A partir do nosso habitual ponto de observação, em meio ao drama em desenvolvimento, olhando para a Lua, tudo é diferente. Aquilo que era *o* drama torna-se o *meu* drama, e passa a ser um problema. Se você estiver suficientemente distante, não se trata da sua história — seria apenas mais uma dentre cinco bilhões e meio de histórias.

Lembrar de duas visões SIMULTANEAMENTE é um grande

desafio. Meu amigo Zalman propôs uma situação hipotética a uma classe da qual eu fazia parte, vinte anos atrás e, desde então, contei isso dezenas de vezes aos meus alunos. Ele descreve a delicada tensão envolvida na manutenção de duas perspectivas ao mesmo tempo. Ele nos pediu para imaginar como seria estar num cinema nos minutos iniciais do filme *Psicose*, de Alfred Hitchcock. Janet Leigh é esfaqueada no chuveiro na primeira cena. Ficamos tão perturbados que nos levantamos para sair e um amigo nos impede, dizendo: "Espere! Isso é só um filme!" Zalman nos pediu para imaginar que voltamos a nos sentar, começamos a seguir a história, e então o mesmo amigo nos bate de leve no braço a cada dois minutos, dizendo: "Lembre-se, é só um filme!" Ficaríamos aborrecidos. Diríamos: "Deixe-me em paz! Estou tentando assistir ao filme!"

Saber que a vida é como um filme, em que cada um de nós recebeu um papel para desempenhar, não significa que conseguimos ficar despreocupados ou indiferentes com relação a isso. Os atores realmente bons *sentem* os papéis que representam e ficam gratificados com as críticas que dizem que sua personagem era cheia de vida. Quero sentir plenamente a minha vida, desempenhar o meu papel como se ele fosse real e deixar que ele chegue ao fim com elegância, quando tiver terminado. Para fazer isso, vou precisar manter uma perspectiva cósmica.

Quando meu pai estava morrendo, fiquei ao lado do seu leito durante os seus últimos dias. Nesse período da sua vida, ele estava basicamente em estado de coma do qual despertava de vez em quando. Sabíamos que ele estava morrendo e procurávamos mantê-lo o mais confortável possível enquanto esperávamos o seu último suspiro. De vez em quando, isso parecia estar acontecendo: seu corpo tremia e ele apresentava aquele tipo de apnéia que as pessoas têm quando estão morrendo. Eu segurava a mão dele e lhe dizia frases apropriadas para a ocasião: "Vá para a luz" e "Agora é a sua chance de sair deste corpo". Fico contente por eu ter dito isso; essas eram as coisas certas a serem ditas a alguém que está morrendo. ("Você fez um bom trabalho nesta vida." "Todo mundo gostou de você."

"Chegou a hora de ir embora." "Você não precisa mais deste corpo velho.") Todas as vezes que ele ficava com falta de ar eu repetia essas frases. Então ele relaxava e pegava no sono, e eu voltava a esperar. Muito perto do fim, ele teve um novo ataque de apnéia e eu levantei-me rapidamente, e comecei a segredar-lhe frases sobre "Ir para a luz". Ele abriu os olhos, olhou para mim e disse muito claramente: "Sabe, morrer não é lá grande coisa."

O Homem da Máquina de Costura: O Esquecimento da Própria História

•

A compreensão do *anatta*, a afirmação de que ninguém reconhece a própria história, parece ser extremamente difícil de compreender. Quando dizemos: "Eu estou tão triste", transparece certamente a impressão de que há alguém dentro de você que reconhece a tristeza. Conheci uma pessoa que enxergou através de sua história e ficou livre dela.

Precisei mandar consertar minha máquina de costura e, como tinha me mudado para uma nova cidadezinha, procurei nas Páginas Amarelas a loja de máquinas de costura da região. Ao entrar na loja, notei um letreiro na vitrine: "Os negócios estão excelentes. As pessoas são espetaculares. A vida é maravilhosa!" Esse é um letreiro insólito numa loja de máquinas de costura. É um letreiro insólito em qualquer loja.

Dentro da loja, descobri que as paredes e os balcões estavam decorados com frases igualmente otimistas, do tipo que vejo em catálogos de ferramentas: "Quando a Vida lhe Der um Limão, Faça uma Limonada!" "Não tenho tudo que amo, mas amo tudo que tenho." O proprietário da loja percebeu a minha presença mas continuou totalmente atento ao seu cliente. Ele não estava com pressa e eu também não.

Quando chegou a minha vez, ele foi extremamente solícito. Quando resolvemos o problema da minha máquina de costura, arrisquei uma observação pessoal, de caráter psicológico: "Você parece ser uma pessoa muito bem-humorada", disse eu. "Sua mãe era uma pessoa alegre?"

"Não", respondeu ele. "Minha mãe era alcoólatra e uma pessoa muito deprimida."

"Suponho", prossegui, "que o seu pai foi um bom modelo para você."

"Não. Meu pai tinha ataques de fúria e batia muito em nós."

"É surpreendente", exclamei, "que você tenha se saído tão bem na vida!"

"Eu não me saí bem de maneira nenhuma! Minha vida era uma trapalhada só!" Ele sorriu pesaroso. "Eu ia muito mal na escola. Nunca aprendi a ler direito. Passei pela escola secundária porque ia ficando cada vez maior e eles me passavam de uma série para outra."

Ele pareceu não se importar em contar-me sua história e eu continuei a fazer-lhe perguntas. A situação dele desafiava toda a sabedoria convencional.

"Depois da escola secundária as coisas pioraram; me envolvi com drogas e me meti em encrencas. Por fim, eu não sabia o que fazer da minha vida e, por isso, alistei-me no corpo de fuzileiros navais. No primeiro dia, eles nos deram uniformes e cortaram o nosso cabelo. Cortaram o cabelo de seis de nós ao mesmo tempo. Eles nos colocaram de frente para uma parede e cortaram o nosso cabelo. Depois, eles viraram todos os seis ao mesmo tempo e nos colocaram de frente para um espelho. Por um minuto, fiquei assustado. Eu não conseguia reconhecer meu reflexo no espelho! Não havia ninguém ali cuja história eu conhecesse!"

Para mim, essa foi a parte mais importante de sua narrativa. "Não havia ali ninguém cuja história eu conhecesse!" Ele prosseguiu explicando que, como tudo depende da história que você "tem", ele decidiu ter uma nova história. A antiga não estava lhe servindo, imaginou ele.

Ele deu baixa do corpo de fuzileiros, aprendeu a mexer com máquinas o suficiente para, como civil, fazer um curso sobre máquinas de costura; casou-se, criou uma família e dirigiu um pequeno e próspero negócio. Rindo, ele contou-me que em toda a sua vida só tinha lido um livro inteiro. Os clientes, no entanto, apareciam aos montes na sua loja. Em parte, acho eu, porque ele sabia consertar máquinas de costura; contudo, acho que os fregueses também o procuravam porque gostavam das vibrações que ele emitia. Não creio que todas as pessoas que o visitam façam tantas perguntas quanto eu fiz. Acho que elas apenas intuem que ele sabe alguma coisa especial.

As Moradas Divinas

•

Nos textos budistas tradicionais, a Benevolência, a Compaixão, a Alegria Solidária e a Equanimidade são chamadas de "moradas divinas" da mente. A essência da mente — não perturbada pela confusão — é, em última análise, muito ampla. Ela é inerentemente equânime, englobando todas as coisas e mantendo-as num equilíbrio tranqüilo.

É a partir dessa posição de equanimidade que surgem os movimentos espontâneos da mente em resposta aos diferentes eventos. A Benevolência surge como uma reação espontânea a todos os seres, e a Compaixão surge em resposta à dor. A Alegria Solidária surge quando nos alegramos ao tomar conhecimento de algo de bom que aconteceu a alguém. Todos esses três movimentos do coração e da mente (da benevolência, da compaixão e da alegria solidária) são variações do reflexo da equanimidade fundamental.

Equanimidade não é vazio; a equanimidade é preenchida por todas as coisas.

A Benevolência

•

Benevolência é a tradução da palavra páli *metta*, que significa completa e irrestrita amizade. O Buda ensinou que, quando a mente está tranqüila, ela é afável e benévola. A mente tranqüila gosta de todas as pessoas que se encontram à sua volta. A mente tranqüila tem compaixão até mesmo das pessoas que — em virtude do que são ou do que fazem — é muito difícil gostar.

As pessoas fazem exercícios especiais para cultivar a amizade irrestrita. Alguns destes são exercícios de meditação. Outros são praticados na vida cotidiana, como sorrir para funcionários de supermercados, ajudar as pessoas a carregar pacotes, segurar a porta do elevador enquanto a última pessoa entra correndo. À primeira vista, poderíamos ter a impressão de que o exercício da *metta*, da amizade, favorece as outras pessoas. Todavia, ela também beneficia a nós mesmos.

A cordialidade não é difícil. Não precisamos *aprender* a ser amistosos. Precisamos, isto sim, *lembrarmo-nos* de ser amistosos. As crianças, a não ser que tenham sido atemorizadas, são amistosas. Os cachorrinhos são amistosos. Meu amigo Bob descobriu recentemente que os pingüins das ilhas Galápagos são amistosos porque não se sentem ameaçados.

"De que forma estou me sentindo ameaçada?" é a pergunta que faço a mim mesma quando sinto que não estou sendo cordial com alguém. Há sempre alguma coisa. Quando comecei a praticar a *metta* conscientemente, usando o meu tempo de meditação para enviar bons votos de felicidade a todas as pessoas que conheço, fiquei espantada ao descobrir como era longa a lista de ressentimentos aos quais eu estivera dando abrigo em meu coração. Nada de muito sério

— uma pequena desfeita aqui, uma crítica moderada ali, minúsculos *bips* em minha tela de radar que me levaram, cuidadosa e secretamente, a classificar as pessoas sob o título: "Pessoas das Quais Eu Não Gosto Muito." Assim como o carrasco-mor da ópera *Mikado*, eu tinha uma pequena lista de "pessoas que nunca seriam esquecidas".

Não que eu estivesse alimentando pensamentos hostis com relação às pessoas da minha lista. Fiquei surpresa com as recordações e consternada com o efeito que elas produziram em mim depois de tantos anos. Isso também maculou a imagem que eu fazia de mim mesma. Eu gostava de pensar em mim mesma como uma pessoa extremamente tolerante e, quando essa avaliação se revelou falsa, fiquei desapontada.

Foi por estar desapontada e por não querer carregar comigo uma lista de rancores secretos que comecei a me empenhar seriamente em agir com benevolência com relação às pessoas que tinham me ofendido.

Dentro de pouco tempo, a minha lista de rancores começou a mudar. As pessoas que costumavam me ofender não estavam mais me assustando. Durante algum tempo, continuei lembrando-me de quem fazia parte da lista, mas desaparecera a energia que ela continha. Hoje acho que mal posso me lembrar dos nomes que faziam parte dessa lista.

Agradável é outra palavra curiosa, mas que acompanha os adjetivos *amistoso* e *cordial*. Eu não dei início à minha prática espiritual por querer ser uma pessoa mais agradável. Eu já me considerava uma pessoa agradável. Eu queria ser menos assustadiça. Na realidade, porém, tornei-me mais agradável *e* menos assustada.

Meu Sogro e Minha Tia-avó Sarah

•

Agir com benevolência com relação às pessoas de quem gostamos muito em geral é coisa fácil de se fazer. Difícil é agir de forma benevolente com relação aos integrantes da sua lista de pessoas contra as quais você guarda rancor. Isso pode ser possível se você se lembrar de ao menos um aspecto positivo de cada pessoa da lista — essa lembrança poderá torná-lo mais tolerante. A chave de tudo é o perdão. Qualquer coisa que fique aquém disso lhe será penoso.

No dia em que fiz 19 anos, um mês depois do meu casamento, minha tia-avó Sarah morreu no Bellevue Hospital depois de uma longa e debilitante doença. Meu pai — o único outro parente dela ainda vivo — estava fora do país e, assim, coube a mim fazer os preparativos para o enterro. As pessoas que telefonavam para mim, na qualidade de parente mais próximo, asseguravam-me que isso não seria problema porque tia Sarah possuía um jazigo e tudo que eu tinha de fazer era apresentar-me à casa funerária na manhã do dia seguinte. Eu estava assustada diante da morte e não tinha experiência com enterros, de modo que o meu sogro se ofereceu para ir comigo.

A casa funerária era lúgubre, e eu não me senti à vontade. Eu era a única mulher ali presente. Havia grupos de homens idosos, que não eram parentes, que davam a impressão de estar à espera que se formasse o *quorum* para o *minyan*, uma oração feita por dez homens. Duas mulheres idosas surgiram do fundo da sala e foram embora. O diretor da casa funerária aproximou-se de mim e disse: "Foram aquelas senhoras que vestiram o corpo para o enterro. Agora, uma das mulheres da família precisa examinar o corpo." Devo ter empalidecido. Meu sogro disse: "*Eu* examino o corpo."

Harry Boorstein viveu mais quinze anos e a maioria das lembranças que tenho dele é um sentimento vago e generalizado de benevolência; quando penso naquele momento na casa funerária, porém, sinto uma enorme gratidão. Se eu me lembrar, em qualquer ocasião, de alguma observação imprópria que ele tenha feito a mim ou de algum ato impensado que ele possa ter cometido, basta lembrar-me do que aconteceu na casa funerária — "*Eu* examino o corpo"— e eu o amo. Eu valorizo esse momento porque esse é o meu truque mágico para amá-lo sempre e, quando amo, eu sou feliz.

Amar Todas as Pessoas do Mundo é Mais Fácil

•

Meia hora depois de termos saído de Chicago, o piloto do avião anunciou: "Não há motivo para preocupação, pessoal, mas perdemos um de nossos sistemas hidráulicos, de modo que voltaremos a Chicago para consertá-lo antes de cruzarmos as Montanhas Rochosas." Enquanto ele falava, o avião começou a fazer uma curva ampla. "Vamos pousar daqui a 30 minutos, de modo que vocês podem sentar-se e relaxar."

"Relaxar?" Eu estava lendo o novo livro do meu amigo Joseph sobre conscientização quando ouvi o comunicado. Conscientização é a clara compreensão da experiência do momento, e a minha clara compreensão era de que eu estava *alarmada*. Peguei novamente o livro, esperando que ele distraísse minha atenção. "Quando surgirem emoções difíceis", escrevera Joseph, "não tente distrair a atenção." "*Okay*, Joseph", disse eu, e fechei o livro.

Pensei no que eu deveria fazer. Ocorreu-me que eu poderia morrer e, no que diz respeito a isso, eu não tinha escolha. Resolvi fazer orações afetuosas para meus parentes mais próximos, um ritual diário que eu costumava executar. As orações seguiam uma ordem predeterminada. "Que Grace seja feliz... Que Nathan seja feliz... Que Erik seja feliz... Que Leah... Que Collin... Emmy... Johan... Peter... Trish... Liz... Michael... Sarah... Seymour." Treze nomes. Terminei a série e ainda estávamos voando suavemente. Assim, repeti-os. Comecei a ficar mais calma.

O Avião começou a descer lentamente e, embora tudo parecesse normal, fomos instruídos a tirar os óculos e sapatos e a tirar dos bolsos objetos pontiagudos como canetas. Comecei a pensar em outras pessoas que não estavam na minha lista dos treze, as quais eu também esperava que ficassem bem e felizes, de maneira que iniciei uma nova lista de nomes. "Que Miriam seja feliz... Que Aaron... Eugenia... Henry..." Minha mente encheu-se com os nomes de pessoas cujas histórias eu conhecia, e comecei a dizer os nomes com rapidez cada vez maior, para ter certeza de mencionar todos eles.

Do lado de fora da janela eu podia ver o chão chegando cada vez mais perto. Os comissários de bordo demonstraram a posição em que devíamos ficar, e todos nos inclinamos para a frente e apertamos os cintos. Eu pensei: "Dentro de um minuto, estarei ou não morta. Devo repetir a minha lista de treze nomes? Será que esqueci alguma das pessoas que conheço e de quem gosto? Que todos os seres sejam felizes! Que todos os seres sejam felizes! Que todos os seres sejam felizes!"

Tocamos no solo, os freios funcionaram e o avião parou. A pista de pouso estava ladeada por veículos de emergência, com luzes piscando, mas nós não precisávamos deles. Aprendi duas coisas: Amar todas as pessoas é mais fácil do que amar uma pessoa em particular. Não é preciso lembrar quem está ou não na lista, ou quem está na lista principal e na lista secundária. E não existe possibilidade de que alguém seja esquecido.

Também aprendi que calorosos e dedicados votos de felicidade em favor das outras pessoas acabam com o nosso medo. Eu não havia desviado a minha atenção; eu sabia o que estava acontecendo e também sabia que eu tinha a fórmula exata para aquela situação. Durante algum tempo, depois disso, eu fiquei pensando: "Quero ensinar essa fórmula às pessoas para que elas possam usá-la nos momentos que precedem a morte." Mais tarde eu compreendi: "Quero ensinar essa fórmula para *todos* os momentos. *Todos* os nossos momentos são momentos que precedem a morte, e desejar o bem é a melhor maneira de afastar o medo nesses momentos. Às vezes acho que a única coisa que vale a pena dizer é: "Eu amo você."

A Compaixão

•

A compaixão é a reação natural do coração que não se prende à concepção ilusória de que estamos separados uns dos outros. Os textos tradicionais descrevem-na como "o estremecimento do coração" em resposta à percepção do sofrimento de outro ser. Quando nos compadecemos, acho que sentimos o nosso sistema emocional vibrando em sintonia com o de outra pessoa. Para sentir compaixão é preciso um estado de espírito tranqüilo. O estremecimento é sutil.

Certo dia embarquei de manhã cedo num avião em Laramie, Wyoming, depois de trabalhar durante três dias em uma vivência — na maior parte em silêncio — para trinta pessoas. Eu tinha me empenhado para ficar atenta às experiências de cada pessoa e estava tranqüila e satisfeita porque achei que havia feito um bom trabalho.

Um homem e uma mulher idosos sentaram-se ao meu lado, e logo que decolamos a comissária de bordo serviu o café da manhã.

"Pedimos um café da manhã *kosher*", avisou o senhor.

"Vou verificar", respondeu a aeromoça, e voltou com um pedido de desculpas. "Parece que esqueceram de colocar a refeição de vocês a bordo. Posso lhes trazer um café da manhã normal para que vocês vejam se podem comer alguma coisa?"

"Não, sinto muito", disse o homem. "Não podemos fazer isso."

Comecei a chorar e fiquei surpresa. A situação não era crítica, e tratava-se de um vôo curto. É provável que eu estivesse particularmente comovida pelo fato de que o casal lembrava os meus avós, e eu compreendia o dilema que eles estavam enfrentando. Da perspectiva de um observador, a situação deles era uma particularidade bizarra. Da perspectiva do casal, tratava-se de um desapontamento irreparável. Como a minha mente estava tranqüila, pude sentir o sofrimento deles.

Toda dor é importante para quem a está sentindo. Quando eu era pequena, as pessoas às vezes diziam para as crianças que não queriam comer: "Pense nas crianças que estão morrendo de fome na Europa." Estou grata por ninguém ter dito isso para mim. Eu era, por natureza, uma pessoa que ficava nervosa na hora de comer, e acrescentar culpa e constrangimento ao meu estado já penoso teria aumentado a minha angústia. As pessoas que faziam essa observação provavelmente se esqueciam de que, embora a fome fosse dolorosa, comer sem fome também é desagradável. Sofrimento é sofrimento e a sua hierarquização é algo secundário.

Avaliamos a dor por meio de nossos sistemas de valores, que, no fim das contas, são meras opiniões. "Esta é uma dor considerável", ou "Esta é uma dor trivial". Se não dou muita importância à dor de alguém é porque fiz um julgamento a respeito dessa dor. Talvez eu ache que a situação da pessoa é tão terrível, que deve ser insuportável, e eu esteja tentando negá-la para proteger a mim mesma. Fazíamos isso durante os filmes, quando éramos jovens, cobrindo os olhos com as mãos nas cenas impressionantes e dizendo: "Avise-me quando essa parte ruim tiver terminado." Às vezes ainda faço isso, agindo por reflexo, quando a cena é cruel demais.

Às vezes, dou pouca importância à dor de outra pessoa porque fico alarmada com a atitude dessa pessoa. "Como você pode se aborrecer por causa *disso*?", penso comigo mesma. "Você deveria estar se preocupando com isto aqui, que é muito mais sério." É ridículo decidir o que "deveria" angustiar uma outra pessoa. Cada um tem os seus próprios vínculos. Já fiquei constrangida em admitir o quanto sofri por causa de coisas que, pelos padrões dos outros, seriam consideradas triviais. Mesmo sem ser criticada pelos outros, sou severa comigo mesma. "Como você é egoísta!", repreendo a mim mesma. "O mundo está de cabeça para baixo e você fica se preocupando com essa bobagem?"

É difícil reconhecer a dor imediatamente porque ela é algo

muito comum. Talvez nossa preocupação coletiva com a possibilidade de que o Buda estivesse certo ao dizer que vida é sofrimento nos leve, às vezes, a minimizar a dor. "As coisas *poderiam* ser piores", dizem as pessoas bem-intencionadas quando tentam consolar amigos que estão passando por situações difíceis. "Pelo menos você tem saúde." "Pelo menos você tem o seu emprego." "Pelo menos você não mora em tal lugar (qualquer país em guerra)." Ou, ainda, a suprema comparação espiritual: "Na esfera cósmica, isso não tem importância nenhuma." Todos esses exemplos são variações adultas da frase "Crianças que estão morrendo de fome na Europa". Elas acrescentam humilhação ao sofrimento pelo qual já se está passando e fazem com que ele se torne ainda mais desagradável.

Obviamente, não há dúvida de que, na esfera cósmica, nosso sofrimento é insignificante e despropositado. Desse mesmo ponto de vista cósmico, *tudo* é insignificante e sem importância. Isso, porém, não está de acordo com a nossa realidade emocional. Algumas pessoas e algumas questões parecem ser importantes para nós. Ademais, não vivemos na esfera cósmica. Vivemos aqui.

Lembrar do ponto de vista da esfera cósmica, *lembrar* da imagem da Terra vista da Lua, lembrar da inter-relação que existe entre todos os seres — todas essas lembranças nos fazem encarar a dor de forma mais direta. Talvez essa perspectiva seja necessária para podermos enxergar a dor com clareza, por nos ajudar a suportá-la. O fato de recordar a afinidade que temos com certas pessoas, nossos próprios sentimentos para com nossos parentes e amigos, as ocasiões em que sofremos decepções — que nos parecem tão reais e importantes — faz com que fiquemos *neste* mundo e não *fora* dele, preocupando-nos com os outros e sendo gentis.

A Generosidade como um Ato Natural

•

Sou sensível à generosidade que é completamente espontânea. Este é o exemplo mais concreto da idéia do Buda de "eu não-separado". Obviamente, no sentido físico o nosso corpo está separado dos outros corpos, chegando e partindo deste mundo em diferentes épocas e lugares. Todavia, a essência da consciência, que vive em todos esses corpos, é uma só. Com esse pensamento, o medo desaparece e o ato de partilhar torna-se perfeitamente natural.

Uma mulher muito mais jovem do que eu estava se vestindo ao meu lado, no vestiário de uma academia de ginástica. Estávamos conversando a respeito dos benefícios da prática regular de exercícios para nos mantermos esbeltas e em forma, quando ela acrescentou: "Sofri uma cirurgia há alguns meses e os meus médicos ficaram admirados com a rapidez com que me recuperei."

"Que tipo de cirurgia você sofreu?", perguntei.

"Doei um rim para minha irmã. Ela é diabética e precisava do transplante."

Ela disse isso no mesmo tom indiferente de quem estivesse dizendo: "Eu tinha uma bicicleta a mais que eu não estava usando..." Ela se referiu a isso de forma inteiramente casual. Tratava-se apenas do que precisava ser feito.

Há muitos anos venho pensando numa determinada história a respeito do Buda. Numa de suas encarnações anteriores, ele estava caminhando ao longo da beira de um precipício e ouviu um choro vindo de baixo. Olhando em direção ao abismo, ele viu filhotes de tigre que morriam de fome porque a mãe estava fraca demais para alimentá-los. O Buda-em-evolução saltou imediatamente para a morte a fim de que os pequenos tigres se alimentassem do seu corpo.

A história é contada como um exemplo de generosidade e causou-me preocupação porque eu não conseguia imaginar esse tipo de altruísmo espontâneo.

Agora eu posso. Tenho cinco netos. Por eles, eu não hesitaria um minuto diante da decisão de me atirar num abismo. Nem me sinto muito orgulhosa por isso, pois não se trata de um grande desafio. *Deixar* de fazer isso seria impossível. Um grande desafio para mim seria o passo seguinte, ou seja, lembrar-me sempre de que os netos de qualquer pessoa também são meus netos. Os netos de *qualquer* pessoa são netos de *todas* as pessoas.

Você não precisa ter filhos ou netos para ver as coisas dessa maneira. Essa é a verdade do eu não-separado, e revela-se quando voltamos a nossa atenção para os outros. Vejo isso acontecer quando ocorre um desastre. Um avião cai no rio Potomac e as pessoas que passavam por ali pulam no rio salpicado de blocos de gelo só porque existem pessoas dentro dele — não pessoas que eles conheçam, mas apenas pessoas que precisam de ajuda. Há um incêndio no edifício do World Trade Center, e as pessoas carregam um colega de cadeira de rodas, descendo 67 lances de escada, colocando a vida deles em perigo. Ninguém pensa: "Serei um herói", ou "Vou praticar um ato de generosidade". Quando dirigimos nossa atenção para os outros, percebemos que todos fazemos parte uns dos outros, e passamos a dispensar cuidados e atenção às outras pessoas. Talvez *generosidade* seja a palavra que usamos enquanto achamos que existem doadores e receptores. Quando o ato de compartilhar torna-se natural e espontâneo, nós provavelmente damos a isso o nome de *compaixão.*

Eu costumava pensar que, se começasse a ver todos os seres como meus irmãos, isso seria para mim um grande fardo. O oposto disso é verdadeiro. Quando alguém que eu conheço está fazendo alguma coisa admirável, não sinto que *eu* tenha necessidade de fazer isso. A outra pessoa está fazendo isso por mim, ou *como se fosse* eu, dispensando-me dessa tarefa em particular. Mary e Chodren estão sendo freiras por mim. Alex está dando aulas por mim em lugares distantes, Itzhak Perlman sou eu tocando violino e Joe Montana também sou eu. O mesmo se dá com relação à mãe dele.

A Alegria Solidária

•

Jerry Rice, o rebatedor de San Francisco, foi entrevistado por Al Michaels durante o intervalo da partida entre os Forty-Niners e os Saints, no programa *Monday Night Football*. Eles falaram sobre os vários recordes que Rice já detinha na liga. Al perguntou: "Que outros recordes você gostaria de bater antes de se aposentar?" Jerry sorriu e disse: "Eu gostaria de bater todos eles." Em seguida, Al perguntou: "De todos os grandes momentos de sua carreira, qual foi o mais importante para você?"

"Foi quando ganhamos o Super Bowl XXIII", respondeu Jerry. "Era meu primeiro Super Bowl e, nos últimos dois minutos do jogo, Joe Montana deu um passe para John Taylor, que estava na zona de finalização. John Taylor pegou aquele passe, mas senti como se eu o tivesse recebido."

Isso é alegria solidária (ou altruísta) — é tamanho o deleite com o prazer do momento que o motivo da alegria é irrelevante. A satisfação de todas as pessoas é compartilhada por igual.

Certa vez, ouvi o Dalai Lama falar sobre o quanto era sensato colocar a felicidade das outras pessoas pelo menos no mesmo nível de importância que a nossa. Existem tantas pessoas neste mundo, explicou ele, que as chances de vocês se alegrarem serão muito maiores se vocês encararem as alegrias alheias como se fossem as suas. Neste planeta, as chances de eu me alegrar aumentariam 5,5 bilhões de vezes. Que notícia boa!

Como a alegria solidária atua através do prazer e não da dor, isso poderia parecer algo fácil de se fazer. Todavia, na verdade trata-se de algo mais complicado do que parece. Creio que não é raro sentirmos uma alegria "quase" altruísta. Alguma coisa maravilhosa acontece a uma outra pessoa. Sentimos um prazer verdadeiro. E, então, na mente daqueles que não estão de todo satisfeitos, esgueira-se o seguinte pensamento: "Eu gostaria de ter a mesma sorte."

Vejo isso acontecer comigo quando vejo um anúncio de loteria mostrando uma pessoa que acabou de abrir sua porta e recebeu um cheque de dez milhões de dólares. Tenho alguns momentos de verdadeiro prazer quando vejo o ganhador rindo e gritando de felicidade. Depois, penso algo do tipo: "O que eu faria se isso tivesse acontecido comigo?"

"Obviamente", eu logo lembro a mim mesma, "eu doaria a maior parte. Pelo menos 75%. Talvez metade. Depois eu daria o restante aos meus filhos para que eles pudessem pagar suas hipotecas." Então eu me lembro: "Eles não têm nenhuma dificuldade para pagar suas hipotecas. Vou aplicar o dinheiro e usá-lo para pagar a faculdade dos meus netos." Então, eu penso: "Bem, faltam pelo menos dez anos para Collin entrar numa universidade, e quem poderá dizer como ele estará nessa época ou como estarão as universidades. Talvez Seymour e eu pudéssemos fazer um daqueles cruzeiros de três meses ao redor do mundo. Mas não dá para fazermos isso porque ele fica com enjôo quando viaja de navio!" Em questão de segundos, a mente repleta de alegria solidária transformou-se em uma mente repleta de planos voltados para o prazer pessoal — tudo isso a partir do nada. Antes de a pessoa aparecer na televisão com o seu cheque, eu estava perfeitamente satisfeita. Entretanto, parece fazer parte da natureza da mente — se ela não estiver totalmente lúcida e tranqüila — ficar fascinada com a idéia de obter um pouco mais de satisfação.

Acho que presumimos que as outras pessoas, ao saber da nossa sorte e de nos congratular, gostariam que algo semelhante acontecesse na vida delas. Pode ser que, ao desejar o mesmo para elas, reconhecemos a nossa própria alegria e aliviamos os outros de qualquer sentimento de culpa que eles possam ter por causa da inveja que acaso estejam sentindo. Aprendi isso ouvindo por acaso as conversas nos casamentos, quando eu era criança. A mãe de uma filha solteira, abraçando a mãe da noiva, diria: "Que este casamento lhe traga muita alegria." A mãe da noiva responderia: "E que a sua filha possa ter a mesma felicidade." A outra mãe, então, diria: "Que Deus a ouça!"

Sinto-me constrangida — e até mesmo culpada — ao perceber que, logo depois de saber que alguma coisa boa aconteceu a outra pessoa, especialmente se eu desejava algo semelhante para mim mesma, começo a sentir inveja. Eu me repreendo, pensando: "O que há com você, Sylvia? Sua taça já está transbordando. Como você pode *pensar* isso?"

A questão não é se a taça está ou não transbordando. O mundo tem tantas coisas maravilhosas que não existe limite para as coisas boas que podemos verter na nossa taça. Trata-se de uma questão de ver as coisas com clareza. Quando vemos as coisas com clareza, percebemos que só existe uma taça.

No Super Bowl XXIII, quando Joe Montana deu aquele passe que resultou na vitória do seu time, John Taylor estava no lugar certo. A mente de Jerry Rice também estava no lugar certo.

A Equanimidade Está Repleta de Todas as Coisas

•

As pessoas perguntam freqüentemente se é possível ser tranqüilo *e* apaixonado. Creio que sim. Acho que essa pergunta surge porque as pessoas confundem sereno com pacífico ou tranqüilo com equânime. *Pacífico* significa "não irado". *Equânime* significa "equilibrado". E nenhum deles significa "chato"!

Quando me tornei adepta do Budismo, eu costumava me preocupar muito com a possibilidade de tornar-me uma pessoa desprovida de emoções. Eu achava que poderia me transformar em alguém cujo coração parecia ter sido achatado por um rolo compressor e fosse incapaz de reagir emocionalmente em qualquer circunstância. Creio que eu estava cometendo um erro comum de percepção — a idéia de que espiritual significa "calma imperturbável". O meu ponto de vista parecia ser confirmado por histórias que o meu professor contava a respeito de pessoas que praticaram meditação com tanta freqüência que "o impulso sexual delas desapareceu e elas passaram a viver juntas como irmão e irmã". Eu me preocupava porque, embora quisesse ser iluminada, não queria que *isso* acontecesse comigo.

A calma e a tranqüilidade são estados mentais maravilhosos e, de fato, têm como característica comum a suavidade e a brandura. O componente serenidade é um importante fator mental, constituindo um contraponto para o vigor, a atenção e o entusiasmo, de modo que a lucidez e a compreensão possam emergir. Mas a calma e a tranqüilidade não constituem a meta da prática espiritual, pelo menos para mim. Quero conservar a capacidade de emocionar-me.

Quanto mais percebo que tudo é vazio e sem sentido, a não ser que atribuamos a isso algum significado, mais quero ser capaz de atribuir significados. Aqui estou eu numa de minhas existências. Quero *lembrar-me* de que isso é apenas um filme e quero *vivê-lo* como se fosse real.

Oito anos atrás, na tarde do dia em que eu começaria a ensinar naquele que deveria ser o mais longo retiro do ano, na Califórnia, minha filha Emily apareceu inesperadamente para nos visitar.

"Você e papai gostariam de levar Johan e eu para jantar esta noite?", perguntou ela.

"Gostaríamos", expliquei eu, "mas eu não posso porque o retiro começa esta noite e a aula vai ser dada por mim."

"Você tem *certeza* de que não quer sair para jantar?"

"Não, eu *quero* sair para jantar, mas não posso porque estou escalada para as aulas."

"Você não pode nem ao menos sair para comemorar o fato de que está prestes a ser avó pela primeira vez?"

Eu gritei de alegria. Estava fora de mim. Eu ainda estava pulando de alegria quando o telefone tocou e eu atendi. Era a minha amiga Alta. "Não posso falar", disse eu, "estou histérica!"

Depois disso, Emily riu e disse: "Lamento não ter trazido uma filmadora." Nós quatro saímos para jantar e, depois, fui para o retiro e dei a primeira aula.

Estou cada dia mais apaixonada, e não menos. Quando estou contente — coisa que acontece com freqüência — fico extasiada. Quando estou triste, as lágrimas fluem com facilidade. Não é nada do outro mundo. As coisas são o que são e, depois, se transformam em algo diferente.

Acabou, Acabou

•

Um dos meus primeiros professores budistas usava uma frase de duas palavras quando queria que eu prestasse atenção no momento presente. "Acabou, acabou", dizia ele. Chegando às etapas finais da redação deste livro, eu me perguntava como saberia quando ele estaria terminado. Eu adoro contar histórias, e cada dia é uma nova história.

Lembrei-me de uma outra conversa que tive com Jack, outro bom amigo e professor.

"Estou preocupada com a possibilidade de haver perdido o meu fervor espiritual", disse-lhe eu. "Eu consigo compreender a fórmula da felicidade. Tenho certeza de que terei de praticar pelo resto da minha vida, mas não sinto necessidade de fazer mais perguntas."

"Isso me parece correto", respondeu ele. "Uma vez recebida a mensagem, você desliga o telefone."

Eu tinha duas mensagens para transmitir por meio deste livro. A primeira diz respeito à vida espiritual. Acho que ela é simples. As pessoas comuns fazem isso e nem sequer chegam a saber que o estão fazendo. Em meio a vidas simples, com alegrias e tristezas normais, elas vivem com elegância e bondade e são felizes.

A segunda mensagem é a respeito de professores cheios de sabedoria. Eles estão em toda parte. À medida que eu escrevia este livro, notei que muitos dos meus professores eram pessoas que conheci em aviões. Durante alguns breves momentos considerei a possibilidade de haver algum significado esotérico simbólico do tipo "aviões levam você a novos lugares" ou "aviões levam você para o alto", mas eu sabia que estava enfeitando a história. Aprendi muito com pessoas que conheci em aviões porque viajo muito de avião.

Todo mundo é professor. "*Sempre* preste atenção a todas as pessoas porque", acho eu, "todo mundo tem algo de Buda."

O inverso do conselho de Jack também é verdadeiro. "Depois de transmitir uma mensagem, você desliga o telefone." Acho que fiz isso.

Cogumelos Marinados de Alta

Bata:

2/3 de xícara de azeite de oliva
1/3 de xícara de vinagre de arroz maturado
2 colheres de chá de molho de soja
1/4 de colher de chá de pimenta-cumari
1 colher de sopa de salsa fresca picada em pedacinhos.

Afervente de 500 a 750 gramas de cogumelos e despeje o molho sobre eles enquanto ainda estiverem quentes. Deixe de molho por pelo menos uma hora, regando de vez em quando com uma colher.

Variação: Cebolas roxas, cortadas em fatias finas, podem ser acrescentadas ao molho. Pode-se também adicionar uma pimenta vermelha, cortada em pedaços.

Os cogumelos devem ser servidos num prazo de quatro horas.

Para maiores informações sobre Insight Meditation, entre em contato com:

Spirit Rock Meditation Center
5000 Sir Francis Drake Blvd.
Box 909C
Woodacre, CA 94973
(415) 488-0164

Insight Meditation Society
1230 Pleasant Street
Barre, MA 01005
(508) 355-4378

Fitas e livros podem ser obtidos através da:

Dharma Seed Tape Library
PO Box 66
Wendell Depot, MA 01380
(800) 969-7333

A AUDÁCIA DE VIVER

Arnaud Desjardins e *Véronique Loiseleur*

Arnaud Desjardins, que já foi um viajante incansável, diretor de filmes para a televisão sobre as espiritualidades vivas do Oriente, filmes que marcaram época, autor de quinze livros cujo impacto não pára de crescer, vive hoje no sul da França, onde se dedica a transmitir o que lhe foi ensinado.

Por que os seres humanos têm medo de morrer? Porque não viveram de fato. E que maldição os impediu de existir plenamente a não ser o medo de viver?

Não há dúvida de que a nossa civilização em nada nos ajuda a ousar ser e a exprimir aquilo que realmente somos, apesar de sua aparente permissividade.

A importância exagerada que a nossa sociedade atribui aos valores puramente intelectuais e ao saber abstrato não favorece o cultivo nem o desenvolvimento do sentimento. A proliferação de modelos, muitas vezes efêmeros e superficiais, propostos pelos meios de comunicação contribui para essa confusão. É cada vez mais difícil conseguir ser o que se é, e não uma imitação. Além disso, muitas pessoas só se empenham pela metade na aventura da existência; elas avançam com timidez, tomadas por um sentimento de frustração, sem saber de onde podem extrair a simples coragem de ser.

Seguindo a linha das obras precedentes escritas por Arnaud Desjardins, *A Audácia de Viver* pretende ser um apelo a uma vida plena, uma vida intensa, de acordo com as condições de cada um de nós. O livro se dirige a todos os homens e a todas as mulheres que aspiram encontrar ou reencontrar em seu próprio ser a audácia de viver.

EDITORA PENSAMENTO

A DÁDIVA DA ESPERANÇA

Robert L. Veninga

"Como sobreviver às armadilhas que a vida semeia no nosso caminho? Como sobreviver à perda de entes queridos? Como acreditar em Deus, ou na sacralidade da vida, quando tudo o que a faz rica e bela nos é repentinamente arrebatado?"

Decidido a encontrar as respostas, Robert Veninga foi ao encontro de centenas de pessoas que lhe contaram a experiência do sofrimento e como ficaram depois dele. "Aprendi muito durante esse processo. Aprendi que as pessoas podem tornar-se muito coléricas; mas também muito ternas. Aprendi que as pessoas se sentem muito solitárias após o sofrimento; mas também encontram uma força antes desconhecida. Acima de tudo, aprendi sobre a fé: por que as pessoas a abandonam e afinal retornam a ela, e como a fé conforma e sustenta, quando tudo o mais parece desolação e desânimo."

Em *A Dádiva da Esperança,* Robert Veninga reparte com o leitor suas descobertas de como superar a amargura. Descreve primeiro os estágios do sofrimento e suas características; fala depois das estratégias para a sobrevivência, refletindo finalmente, de forma reconfortante, sobre as situações extremas, quando a dor decididamente não se extingue e a morte parece a única solução.

Escrito em linguagem agradável e viva, calcado todo na realidade dos que sofreram a dor e a amargura, *A Dádiva da Esperança* inspira, apazigua a alma e oferece alternativas e alívio, mostrando como sair das profundezas do desespero e do desânimo e enxergar que na essência da vida humana se encontram os elementos fundamentais que ajudam muitos "heróis comuns" a sobreviverem: a aceitação, o perdão e a esperança.

EDITORA CULTRIX